ПУТЬ К ВЕРШИНЕ КИЛИМАНДЖАРО

ОТ САМОЙ БЕДНОЙ СТРАНЫ ЕВРОПЫ ДО ВЕРШИНЫ МИРА

СЕРГЕЙ МЕЛЬНИК

СОДЕРЖАНИЕ

ПОСВЯЩАЕТСЯ

В первую очередь моим детям, центру моей вселенной!

Вы еще не скоро прочтете эту книгу, ведь сейчас вы еще дети, но это неизбежно изменится. Однажды вы станете взрослыми, и я уверен, что не буду к этому готов.

Поэтому я надеюсь, что, когда вы будете читать эту книгу, вы все еще будете гореть желанием общаться со своим папой, который может уже не будет таким крутым или модным, каким вы его помните из детства. Я надеюсь, что вы будете отвечать на мои телефонные звонки или хотя бы перезванивать, как только появится возможность, потому что я знаю, как я дорожу временем, проведенным с вами сейчас; я могу только представить, что оно будет в тысячу раз более ценным, когда вы вырастете.

Люблю Вас неизменно и навсегда.
Папа.

Далее, моей жене Жасмин!

Жасмин по воле случая присоединилась к этому пути на вершину Килиманджаро с начала июня 1995 года. Она и мой друг Игорь были со мной в том ресторане, когда американский представитель организации "Флорида - Молдова" очень ярко описывал чей-то опыт восхождения на Килиманджаро. С того момента я был вдохновлен.

Тогда Жасмин еще не знала, что станет моей полной и безоговорочной поддержкой на этом жизненном пути.

Я люблю тебя, Жасмин, и благодарю тебя за то, что ты создала со мной счастливый дом и подарила мне этих удивительных сокровищ - наших детей.

И, конечно, моим родителям!

Преодолевая невообразимые трудности, вы сумели вырастить и воспитать двух очень успешных людей - меня и мою младшую сестру. Спасибо за все те жертвы, которые вам пришлось перенести, чтобы у нас появился шанс. Мне очень повезло, что вы до сих пор рядом и наблюдаете за нашими успехами.

ВВЕДЕНИЕ

С раннего детства мне снились невероятно яркие и загадочные сны, которые в итоге оказывались весьма пророческими, давая мне предчувствие хорошего или плохого, что должно произойти. В связи с этим мне пришла в голову цитата из произведения Александра Блока “На поле Куликовом”:

… И вечный бой! Покой нам только снится.

Эта цитата крутилась у меня в голове, пока я ждал у бара в клубе Citrus одним дождливым вечером в День святого Валентина. Моя жена Жасмин оставила меня, чтобы найти дамскую комнату, и я стоял один, глядя на улицы центра Орландо из окна пентхауса, забрызганного каплями дождя. Я и представить себе не мог, что COVID-19 будет продолжаться второй год; так что поход на ужин в День святого Валентина наконец-то принесет ощущение нормальной жизни, в чем я особенно нуждался во время хаотической подготовки моей компании Nutriband к выходу на финансовую биржу NASDAQ.

В свете мировых новостей и личных стрессов День святого Валентина вылетел у меня из головы и, хотя я знал, что легко найду подарок для жены, но, пытаясь забронировать столик, мне пришлось обзвонить весь город; так как оказалось, что найти хороший ресторан в последний момент было невозможно. К счастью, я вспомнил о Citrus Club, членом которого являлся с 1999 года - Citrus Club всегда предлагает VIP сервис, безупречную кухню и атмосферу. Это был единственный пентхаус в Орландо, где в тот же день для нас приготовили столик, а когда мы приехали, Жасмин получила цветы от персонала, и мы сразу почувствовали себя желанными гостями.

Пока капли дождя стекали по стеклу, я взвешивал слова "покой нам только снится", и еще вспоминал, как в Молдове все мечтали учиться в Соединенных Штатах, и каким-то образом эта мечта стала моей реальностью, ведь теперь я живу в солнечной Флориде. Как я достиг этого покоя по сравнению со всеми остальными? Если покой – это создание семьи и нескольких предприятий в Соединенных Штатах, то в чем заключается мой вечный бой?

Мои успехи не дались мне легко: с годами моя мораль и честность были подвергнуты испытанию трудными деловыми решениями, которые заставили меня столкнуться с сомнительными практиками. В какой-то момент я был достаточно наивен, веря в ложь алчных

людей, но я могу с гордостью сказать, что в своей работе я не отказался от своих принципов и идеалов. Я строил компании с нуля и был свидетелем того, как они рушились под собственным весом, и благодаря всему этому опыту я научился тому, как важно вести честный и прозрачный бизнес. В конце концов я нашел партнеров и друзей, которым я искренне доверяю, зная,
что наши общие идеалы приведут к укреплению бизнеса, и мечта превратится в реальность.

С одним из таких друзей, Игорем Андриеш, я познакомился на юридическом факультете, когда еще жил в Молдове. В июне 1995 года у нас был приятный ужин с Майклом, американцем, представлявшим организацию Флорида - Молдова, которая годом ранее отправила меня в США в качестве студента по обмену. На этом ужине присутствовала и моя будущая жена Жасмин. Во время приятного гастрономического наслаждения традиционной молдавской кухней Майкл начал рассказывать нам о Килиманджаро и о том, что альпинистам, которые добираются до его вершины, открывается самый красивый восход солнца в мире.

Мы с Игорем, очарованные рассказом Майкла, дали друг другу обещание: тот, кто первым достигнет порога состояния в 1 миллион долларов, организует для нас обоих поход на гору Килиманджаро. Для нас это стало символом того, что мы будем преодолевать препятствия мира упорным трудом и решительностью, равно как и то, что в конце концов мы достигнем вершины Килиманджаро и будем стоять над облаками, глядя на саванну и (как мне сказали) на самый красивый восход солнца в мире.

Я достиг своей цели в возрасте 31 года в ноябре 2003 года. В ночь перед тем, как я позвонил в колокол открытия торгов на Американской бирже, мне приснился необыкновенный сон, в котором я летел сквозь облака. На следующий день я почувствовал ту же легкость, радость от того, что моя работа получила признание. Это было великое достижение, о котором я даже и не мечтал в детстве, но после того, как я достиг этой цели, мой разум переключился на следующую цель. Несмотря на то, что у меня было более 1 миллиона долларов в капитале, я не чувствовал, что достиг такого чистого успеха, чтобы иметь возможность подняться на вершину Килиманджаро. Всегда есть следующий проект или следующая сделка, и вскоре эти вдохновляющие мечты о восхождении на вершину в Танзании отошли на второй план... Но идея осталась со мной.

На момент написания этой книги мне исполнится 50 лет, в августе 2022 года, и мое чувство выполненного долга в мире бизнеса уже удовлетворено. Главное достижение, которое мне осталось сделать в этой главе моей жизни, – это достичь вершины Килиманджаро. Я занимался спортом с семи лет, играл в футбол, участвовал в соревнованиях по дзюдо и джиу-джитсу, поднимался на горы в Эквадоре. Мое тело и разум готовы, и я чувствую, что сейчас самое время довести дело до конца.

Двигаясь вперед, скажу, что сейчас самое главное в моей жизни – это моя семья и поддержка моих детей, которую они заслуживают. Если бы я мог взять их с собой в эту поездку в Танзанию, я бы взял, но они еще слишком юны. До того, как я сделаю шаг назад и сосредоточусь на своей семье, я чувствую, что должен пройти весь свой жизненный путь, начав с самого низа и поднявшись на вершину того места, где я нахожусь сегодня. С таким настроем я покорю гору Килиманджаро.

1
ДЕТСТВО В МОЛДОВЕ

Когда я поднял голову, два гигантских синих крыла бились, веяли надо мной, заставив воздух вокруг взвихрить мои волосы и отбросить их назад. Крылья заслоняли мое лицо, когда они проносились надо мной. Это была синяя бабочка огромных размеров, летящая по небу, и один ее вид наполнял меня безмерным счастьем и надеждой.

Сновидения играли ключевую роль в понимании интуиции, обычно давая мне глубокое осознание себя или проблем, с которыми я борюсь.

Для восьмилетнего меня это был всего лишь сон, но я не знал, что сон о бабочке может подтолкнуть меня или придать мне уверенности, чтобы я решился отправиться в мир, создавая свой собственный путь. У нас в Молдове не водятся таких огромных размеров синие бабочки, а бабочка – это символ богатства, удачи, любви и всего самого хорошего в будущем. Это были смелые мечты для такого маленького мальчика как я, выросшего за “железным занавесом”, сквозь который ничто не проникало ни внутрь, ни наружу.

Помню один из немногих случаев, когда кое-что все-таки просочилось через “железный занавес”. Я загадал пророческое желание в Новый год 1981 года во время просмотра новогоднего концерта. Обычно советское телевидение показывало эти концерты около двух часов ночи в день Нового года, что было практически единственным временем, когда ты мог познакомиться с зарубежной поп- и рок-музыкой. Я обратил особое внимание на двух ослепительно красивых женщин, поющих о Рио-де- Жанейро. Для моего девятилетнего разума эти женщины были самым красивым явлением, которое я когда-либо видел. Я не понимал языка, на котором они выступали, я только понимал “Рио-де-Жанейро”. Этого было достаточно, чтобы я загадал себе: “Я женюсь на женщине из Латинской Америки”. Я только не знал, как я встречу такую женщину, находясь в Молдове.

Исследование мира, как я это делал, никогда не казалось мне легитимным вариантом моего будущего. В детстве я прочитал правдивую историю о мальчике, который мечтал стать моряком и путешествовать по миру. Он пробрался на грузовое судно, но оказался запертым между контейнерами в трюме, месяцами ожидая своего спасения, окончания путешествия через Атлантику. Вначале ему повезло: он проник в контейнер и нашел там еду и воду, но вскоре крысы съели то немногое, что у него было. В конце концов ему пришлось ловить крыс и есть их сырыми, чтобы выжить - жуткая история, но этот мальчик гордился своим пережитым приключением. Находясь за железным занавесом, я тоже мечтал о приключениях, но никогда по-настоящему не верил, что смогу вырваться за пределы Молдовы и оправдать надежды моих родителей.

Некоторые приключения моей юности были связаны с занятиями спортом, но мне никогда не позволяли воспринимать спорт более серьезно нежели просто физические упражнения. Мои родители никогда не думали, что спорт может стать карьерой или дорогой в мое будущее, но именно они изначально поощряли меня к занятиям спортом. В пять лет мне удалили гланды, и после этого каждую зиму я ужасно болел ангиной и гриппом. Я попадал в больницу и долго выздоравливал, поэтому мои родители сделали то, что, по их мнению, должно было сделать меня сильнее: убедили меня заняться спортом.

Чем больше я занимался спортом, тем лучше становилось мое здоровье, и вскоре мне уже не нужно было беспокоиться о том, что каждый год придется ложиться в больницу. С тех пор я не перестаю заниматься спортом; он продолжает подпитывать мою соревновательную натуру и поддерживать в отличной форме мое тело и разум. Однако, мои отношения со спортом пришлось строить самостоятельно, поскольку мои родители не считали, что спорт может как-то улучшить мою жизнь, кроме как моего общего физического состояния.

Однажды я пришел домой после футбольного матча, радостно возбужденным, и, найдя маму, я, не переставая, рассказывал ей о том, сколько голов я забил. Она сказала: “Ну, ты никогда не станешь футболистом, так что не слишком радуйся этому”. Вместо этого мои родители больше всего любили сидеть со мной за домашними заданиями и чтением; было здорово общаться с ними, занимаясь вместе. Я все еще занимался спортом, несмотря на то что мне приходилось делать это без особой помощи родителей.

На протяжении всего школьного обучения я играл в футбол и занимался борьбой; я даже был звездой школьной футбольной команды, но мой отец никогда не видел ни одной моей игры. Он не отвозил меня на тренировки по футболу, поэтому я три раза в неделю ходил пешком за пять километров до стадиона и обратно. Единственный футбольный клуб в городе существовал на центральном стадионе при русской школе №3, а я был единственным ребенком из молдавской школы, который тренировался в то время в секции. Удивительно, но меня заставляли чувствовать, что я не такой как все, хотя я выглядел точно также как они, и говорил по-русски без акцента (благодаря 3-м годам, проведенным в русском детском саду, перед тем как пойти в школу). На каждом шагу они пытались затеять со мной драку и заставить меня чувствовать себя нежеланным гостем. Я упрямо продолжал тренироваться в этом клубе в течение четырех лет, и ничто не могло оторвать меня от моей страсти. Когда мне исполнилось 11 лет, я решил, что пришло время научиться драться, и записался в клуб дзюдо, который, к счастью, находился в молдавской школе. Позже, играя в футбол за свою школу, я регулярно встречался со своими бывшими товарищами по команде из того русского футбольного клуба, но никто больше не осмеливался вступать со мной в драку.

В моей самой захватывающей футбольной игре в средней школе мы играли против школы-соперника на их поле, поэтому у нас не было болельщиков на трибунах, только исключительно местные болельщики, насмехавшиеся над нами и надеявшиеся на наше поражение. В конце концов, мне удалось забить первый гол – это один из самых красивых голов, которые я когда-либо забивал. Я получил длинный пас от правого защитника и, не дав мячу опуститься на землю, пробил примерно с 30 метров прямо под перекладину, отправив мяч под перекладину и мимо вратаря, оставив местных болельщиков соперника в мертвой тишине, когда наша команда вышла вперед. Через десять минут я забил еще раз, и к концу игры мы выиграли со счетом 2:1.

Несмотря на то, что мы выиграли, рядом не было никого, кто бы праздновал нашу победу, после того как школа-соперник покинула свое поле, и это было для меня до боли знакомым чувством. Я привел нашу команду к победе, но эта победа была не такой уж и радостной - в толпе болельщиков не было моей семьи, и никто не болел за меня.

Это всегда расстраивало меня, так как моей

сестре Алине родители оказывали особую поддержку в ее занятиях. Мои мать и отец находили время, чтобы посещать танцевальные выступления моей сестры, но когда дело доходило до моих занятий спортом, их, казалось, не волновало, чем я занимаюсь, за исключением одного матча по борьбе за всю мою борцовскую карьеру.

На чемпионат города по дзюдо собралось на удивление много зрителей, среди которых были моя сестра и родители. Мой отец был чемпионом по вольной борьбе, когда учился в институте, но даже несмотря на это, он не присутствовал ни на одном из моих матчей до этого, включая те, в которых я три года подряд выходил в финал округа и на чемпионат Республики.

Чемпионат по дзюдо в масштабах города означал, что я боролся и со своими одноклубниками - мы тренировались и боролись вместе в течение многих лет. На пути к финалу я выигрывал все матчи, но в последнем матче мне противостоял Саша Курош, который был в более тяжелой весовой категории, чем я. Мы с Сашей много раз боролись раньше, но я ни разу не побеждал его, так как мне было трудно взять над ним верх, кроме внушительных физических данных, Саша был очень талантливый борец, которому совсем не чуждо было занимать первые места. В финале, когда моя семья наблюдала из толпы, я рискнул всем, борясь с Сашей; я провел приём на переднюю подсечку и взял его на болевой, и прежде чем я понял это..., Саша сдался, ударив свободной рукой по ковру - я победил!

Этот матч с Сашей стал поворотным моментом в моей жизни, когда, даже если я не осознавал этого до последнего, эта победа придала мне уверенности в собственных силах и вместе с этим дополнительной гордыни, которая в скором времени после той победы сыграет злую шутку.

В 1980 году моя семья встретилась с нашими родственниками из Уфы, Россия, где у моего дедушки был сын, до того, как он приехал в Молдову и женился на моей бабушке. В следующий раз я увижу своих родственников из России в июне 2018 года во время чемпионата мира по футболу в России. У нас не было с ними никаких контактов после смерти бабушки и дедушки, но я смог найти своего двоюродного брата через Odnoklssniki.ru, российскую социальную сеть. У него была такая же фотография в его онлайн- альбоме.

Мои первые годы занятий дзюдо. Я третий слева во втором верхнем ряду. Справа от меня Саша Курош, победу над которым в финале городского чемпионата я считаю судьбоносным поворотным моментом в моей жизни.

Мой дедушка - герой ВОВ.

Напоминает мне это один из моих любимых фильмов, “Мистер Судьба” (1990), где герой Джима Белуши живет в альтернативной реальности, где он не выбил мяч в бейсбольной игре своей школы. У меня тоже так было: один момент победы на глазах у моих родителей вызвал эффект домино, который привел меня к тому, что я делаю сегодня.

Это был первый раз, когда я увидел, что мой отец по-настоящему гордится мной, и поэтому я хотел бы, чтобы он проводил больше времени на этих спортивных мероприятиях. Фактически, это единственное воспоминание вдохновило меня на то, чтобы стараться посещать как можно больше спортивных мероприятий моих собственных детей. Я чувствую себя ужасно, даже если пропускаю хотя бы одну тренировку, что- то незначительное, но я знаю, каково это, когда тебя никто не поддерживает на этом пути. Мое сердце наполняется радостью, когда мой сын даже на тренировках хорошо играет или забивает гол, он сразу же глазами ищет меня в толпе, чтобы проверить, видел ли я это.

Я не виню отца за его двойственное отношение к моим занятиям борьбой и футболом, поскольку знаю, что он всегда был занят собственной карьерой, особенно когда был вице-мэром города. В какой-то момент его политическая карьера пересеклась с моей спортивной карьерой, что чуть не привело к пагубным последствиям для нас обоих. Очень важно, что эти события сделали нас намного ближе друг к другу, чем мы когда-либо были.

Мой отец был на пути к повышению от вице-мэра до Заместителя Председателя Районного Исполнительного Комитета после того, как его кандидатура была подтверждена Центральным Комитетом Коммунистической Партии Молдавии, но он часто не ладил с первым секретарем Коммунистической партии в районе, Мирчей Снегуром, который требовал больше уважения, чем заслуживал.

Я помню это очень отчетливо – во время моих летних каникул мама пришла домой очень напряженная и невероятно взволнованная, еле сдерживая слезы, велела мне убраться в доме. Когда я спросил, в чем дело, она расплакалась и сказала, что отца арестовали. Начальник милиции «товарищ» майор Райлян, лакей Снегура, приказал арестовать моего отца, и было открыто дело по расследованию каких-то правонарушений. На моего отца надели наручники, провели по городу, чтобы унизить, отдел милиции был в пяти минутах пешком от Горсовета (мэрии), а затем отпустили домой в тот же день, запретив покидать пределы района на время расследования дела. Больше года мой отец не мог найти работу, так как каждый раз когда он подавал заявление о приеме на работу, ему отказывали, как он позднее узнал, это были указания местного коммунистического руководства. В тот год вся тяжесть ситуации легла на мою мать, которая содержала нас всех. В конце концов отца взяли на должность заместителя директора Калининского хлебокомбината, директором которого был господин Захария, бывший школьный одноклассник моего отца. Отец предупредил его о директиве сверху - не брать его на работу, но г-н Захария сказал, что он не боится этих клоунов из коммунистической партии. Полиция ничего не смогла доказать в ходе расследования: люди, которые давали взятки моему отцу (как они пытались доказать), отказывались давать показания против отца, потому что многие даже не знали моего отца. Журналист из газеты "Советская Молдавия" написал статью после выхода официального постановления по этому делу.

Спустя все эти годы я помню название статьи "Честь мундира", поскольку до сих пор вижу, как мои мама и папа читают ее со слезами радости и освобождения в глазах. В статье подробно описывалось дело, где сообщалось, что людей держали в камерах, чтобы они дали ложные показания против моего отца. Все лакеи Снегура были в результате наказаны - начальник полиции Райлян был снят с должности и лишен звания, а окружной прокурор был переведен на более низкую должность в другой город, но одна очень важная и неудобная для коммунистической партии деталь была упущена: имя Снегура, злодея, который стоял за всеми этими преступлениями. К тому времени, когда дело было закрыто, Снегура продвинули в высшие эшелоны Коммунистической партии Советской Молдавии, и он переехал в столицу страны - город

Кишинев.

К сожалению, ущерб был нанесен, и политическая карьера моего отца была уничтожена, а также в скором времени наступила пора перемен, и Мирча Снегур на этой волне стал первым президентом Молдовы в 1991 году, когда я учился на первом курсе юридического факультета. Это было тяжелое время для моей семьи, и мой отец постепенно пытался снова построить свою политическую карьеру, а мой бунтарский дух делал нашу жизнь еще тяжелее.

Дискотеки, организованные школой, были популярным местом, где молодые люди встречались и танцевали, и все классы смешивались и общались на танцполе. Я пошел со своей девушкой и увидел, что старшеклассник из 10 - го класса (в 1988 году 10-й класс был выпускным классом средней школы) Анатол Падука проявил неуважение к ней. В пылу ссоры я пригласил его в раздевалку спортзала, где нанес ему несколько роковых ударов, разбив ему губу в четырех местах.

Последствия этой драки не заставили себя ждать, но мы пытались загладить вину - мои родители были из той же деревни, что и родители Анатолия, и в свое время были близкими друзьями, поэтому в тот же вечер меня привели в их квартиру и заставили извиниться за случившееся. Наши родители обменялись любезностями, и казалось, что извинения были приняты... до следующего учебного дня.

Мама Анатолия пошла к директору школы и настояла на том, чтобы меня отстранили от занятий и наказали. Я, будучи чемпионом по дзюдо, который ввязался в драку, должен был столкнуться с серьёзными последствиями. Меня отстранили от учёбы на две недели, и это был первый случай, когда кого-то в школе отстранили за драку. Это было похоже на политическое возмездие моему отцу, который пытался возобновить свою карьеру на государственной службе. В то время все это казалось худшим моментом в моей жизни - мой отец, вышедший из этого двухлетнего испытания, внезапно столкнулся с тем, что его сын был отстранен от занятий за драку, и это меня особенно сильно удручало. Драка и последующее отстранение от занятий не только испортили мою репутацию, но и сопровождали меня в течение учебы в школе и после, навсегда изменив мою жизнь, а также лишили моего отца возможности вернуться к политической карьере.

В то время мне казалось, что это к худшему, но все было так, как задумано Вселенной. Вскоре, после инцидента с дракой, мой отец получил официальные извинения за ложные обвинения от чиновников Коммунистической партии и города, и его назначили директором крупнейшей строительной компании в городе. Отец Анатолия работал в этой компании главным инженером, хотя и сам очень надеялся дослужиться до должности директора.

Я думаю, Анатолию и его семье прежде, чем

совершать акт мести, следовало бы почитать Шекспира: "Не разжигай слишком сильно печь для своих врагов, ты можешь сгореть в ней сам". Отец Анатолия был уволен вскоре после того, как мой отец возглавил компанию. В какой-то момент я спросил отца, почему он его уволил? Папа ответил коротко: "А что, по- твоему, я должен делать с человеком, который пытался навредить тебе? Кроме того, он был паршивым инженером".

От своего отца я многое узнал о том, как быть нравственным человеком, и его уроки остаются со мной на протяжении всей моей жизни, пока я занимаюсь бизнесом и воспитываю своих детей. Как бы я не сожалел, что мои родители не поддерживали меня больше в детстве, но зато я всегда чувствовал любовь своих бабушки и дедушки.

Отец моей матери, Василий Ананьевич Игнатьев, мой любимый "Татуня", был героем войны, участвовал во Второй мировой войне и Зимней войне в Финляндии, на которую он попал из военного училища сразу после выпускного. В те времена учеба в военном училище была единственной гарантией того, что ты не умрешь от голода. Моя мама мало что знает о семье моего деда, потому что они погибли во время голода. Мой дедушка стал глыбой уверенности в моих глазах, и этот непоколебимый образ усиливали все военные шрамы, покрывавшие его тело. "Мамуничка", моя бабушка, Емилия Васильевна Мишина (Игнатьева), пережила моего дедушку на 11 лет, и мне повезло, что Жасмин познакомилась с ними, когда они еще оба были полны жизненных сил.

Жасмин впервые встретилась с ними в июне 1995 года, когда я вернулся из зарубежной учебной стажировки. Я помню, как мы собрали всю нашу большую семью, включая двух маминых братьев с их семьями, в деревне, в доме моих бабушки и дедушки. О, если бы тогда только кто- нибудь сказал мне, что это будет последний раз, когда мы так соберёмся. Моя печаль по поводу их потери все еще иногда переполняет меня, но нам повезло, что в то время у нас уже были видеокамеры, и теперь мы можем снова, когда захотим, переживать те незабываемые памятные моменты, глядя на экран.

Родители моей матери занимали особое место в моем сердце, поскольку мы с сестрой проводили с ними каждое лето в их деревне, месяц или даже пару месяцев в году. На их земле росли всевозможные фрукты: вишни, ежевика, малина, яблоки, сливы - не говоря уже о животных. Вспоминая деревню, я безмерно рад тому, как же мне повезло, что у меня было такое чудесное детство. Я вспоминаю очень интересный момент, когда я почувствовал, именно почувствовал, полное переполнение счастьем, и это был один из самых счастливых моментов моей жизни.

Однажды утром, когда мне было всего около 11 лет, я проснулся, и у меня в груди возникло такое легкое ощущение, как будто я могу воспарить и улететь. Солнечный свет позднего утра, пробивавшийся сквозь листья большого орехового дерева, снаружи просачиваясь через окно, был поразительным и чудесным, играя солнечными зайчиками по стене из-за легкого утреннего ветерка, который пошатывал листья старого ореха. Все двери и окна были открыты, поэтому шторы развивались, впуская воздух; я слышал голоса бабушки и дедушки, которые накрывали стол для завтрака на улице.

Завтраки всегда были особенными: моя бабушка ходила за свежей клубникой с огорода и смешивала ее с домашней сметаной, которая у нас была благодаря нашей корове Джоане. Свежие яйца, снесенные за ночь курами, доставались из сарая и подавались вместе со свежеиспеченным хлебом прямо из печи. Мы все собирались под огромной грушей и пили горячий черный чай, а вокруг нас струился чистый деревенский воздух, сопровождаемый шумом кур, уток и диких голубей на деревьях.

Это действительно одно из самых счастливых моих воспоминаний, и оно только подтверждает, как мне повезло, поскольку у меня было полноценное детство, прежде чем я вышел в мир и в конечном итоге уехал из-за “железного занавеса”. Впереди у меня было много испытаний и невзгод, но у меня всегда было воспоминание о доме в деревне, благодаря которому мое сердце оставалось чистым и готовым ко всему, что для меня уготовила судьба.

2

УНИВЕРСИТЕТ И США

Жизнь при коммунистическом правлении не дала мне никакой возможности получить образование в области бизнеса или предпринимательства, поскольку в целом жизнь за “железным занавесом” означала “режим выживания”. Тебя учили думать, что все решено за тебя, и что государство будет принимать все решения, которые в противном случае тебе пришлось бы принимать самому. Тебе предоставят работу, у тебя будет зарплата, и ты пойдешь по заранее намеченному пути, но эта иллюзия начала разрушаться, когда Советский Союз начал слабеть и распадаться.

Я принадлежал к поколению, на которое эти перемены повлияли больше всего. Будущее было неопределенным, но в тоже время неожиданно более открытым для наших мечтаний и возможностей.

Я бы мог мечтать о поступлении в университет и о новых возможностях, но последствия моей драки на школьных танцах означали, что моя надежда на будущее зашла в тупик. В результате драки с Анатолием я был отстранен от занятий, что повлияло на мои шансы получить серебряную медаль. Медаль была необходима, чтобы избежать трех сложных вступительных экзаменов на юридический факультет университета Молдовы. Если бы у меня была медаль, я был бы зачислен в университет автоматически после успешной сдачи первого экзамена по обществоведению.

К сожалению, после следующих двух экзаменов мои тестовые баллы оказались слишком низкими для среднего балла трех вступительных экзаменов. Я чувствовал себя полным и абсолютным неудачником с одной пятеркой и с двумя четверками, когда мне нужны были три пятерки.

Я наблюдал, как все мои друзья, начиная свою карьеру, отправлялись в университеты, а я оставался позади, злясь на Анатолия и его семью, а также на тех, кто пытался уничтожить моего отца. Я был психологически опустошен, работая в течение года в автосервисе, занимаясь машинами и грузовиками, пока мои друзья сидели на занятиях и делали карьеру. Я был еще больше расстроен, когда мои друзья приходили в автосервис, чтобы навестить меня - я был весь в масле, в то время как они были чисто одеты, приезжая из столицы, где они учились.

Мне было трудно принять это, поэтому я включил режим выживания. Мне на тот момент пришлось смириться с этим проигрышем, с тем, что я не поступил в университет, но я никогда не принимал поражение и неудачу как единственный вариант. Я не находил себе покоя до следующей весны, когда я снова начал готовиться к вступительным экзаменам на юридический факультет, дав себе установку и стимул. У меня больше не было права на ошибку.

После года работы в автосервисе и подготовки к вступительным экзаменам я сдал вступительные экзамены, и наконец был принят на юридический факультет Молдавского государственного университета (единственная юридическая программа в стране). Было принято всего 75 первокурсников. Я был под номером 67 в списке после того, как были приняты во внимание результаты вступительных экзаменов и остальные мои дополнительные занятия по учебной программе и спортивные достижения.

Отчасти, подарком судьбы моего позднего поступления стала встреча с моим другом Игорем, который был на год младше меня, и с которым я позже планировал подняться на Килиманджаро, когда мы заработаем 1 миллион долларов. Все возвращается к моменту «Мистер Судьба»; победа над Сашей в том матче придала мне уверенности, но также и высокомерия, чтобы впоследствии пойти на старшеклассника на дискотеке, и направить мою жизнь по текущему пути. Работа механиком в то время, когда мои одноклассники двигались дальше, была унизительной, но это развило во мне чувство решимости. Это юношеское стремление к более полному познанию жизни, включая предпринимательство и зарабатывание денег, появилось в необычное время не только в моей жизни, но и в развитии Молдовы.

Когда я учился в университете, Советский Союз находился в стадии умирания, и в этот переходный период только небольшое количество людей стало состоятельными, но я, выросший в относительно бедной семье, все еще не мог с этим смириться. В университете я видел богатых детей, чьи родители приватизировали завод или разграбили разваливающуюся советскую казну, видел людей, которые ездили на новых экзотических машинах, каждый день ели в ресторанах и вели роскошный образ жизни. Однако такой образ жизни был присущ лишь очень немногим. Когда в 1991 году Молдова вышла из состава Советского Союза, многие пострадали от неразберихи и беспорядка.

Молдова с трудом формировала свою новообретенную республику под руководством Мирчи Снегура, а в ее городах царил хаос, поскольку продовольствия не хватало, бандиты беспредельничали на улицах из-за отсутствия финансирования правительством полиции. Те немногие полицейские, которые были, зачастую прикрывали бандитов. У меня до сих пор мурашки по коже при мысли о тех, кто погиб на наших опасных улицах и не добился правосудия. Я знал, что работа, которой я хочу заниматься, должна быть удалена от растущей коррупции в Молдове. Учеба в университете была нелегким процессом для меня и моих сокурсников.

После выхода Молдовы из состава Союза продовольствие стало дефицитом, когда мы нуждались в нем больше всего, и мы, студенты университетов, могли часами стоять в очередях за хлебом, но так ничего и не получить. Каждую осень в течение двух-трех недель учебного года мы могли работать в колхозах – это была государственная программа, по которой молодые студенты могли заниматься сельским хозяйством. Нам платили едой и очень мало наличными деньгами. Сама мысль о том, что в этот период не будет проблем с «жратвой», очень успокаивала. Кроме того, работа в колхозе была одним из самых лучших впечатлений, которые только мог испытать молодой студент, с потрясающими вечеринками после работы на местных деревенских дискотеках; наше времяпрепровождение часто приводило к потасовкам, когда мы пытались закадрить местных девчонок, но все это было очень весело. Однажды вечером, когда мы ждали своего часа, чтобы отправиться на сборы, я умирал от голода, в тот день у нас крошки хлеба не было во рту, мы с утра ничего не ели со своими четырьмя соседями по комнате в нашем общежитии, где часто не было даже холодной воды, а про горячую воду и не упоминаю, ее дали однажды, и больше чем в тот день, мы такой роскоши не испытывали. Туалет был рядом с кухней, не знаю по какой причине, но он всегда был забит, и туалетная вода протекала в коридор, поэтому перепрыгнуть через огромные лужи, дурно пахнущие, было невозможно, жирная полоса доходила почти до середины коридора нашего третьего этажа. Самая широкая и жирная часть той смеси приходилась как раз на выходе из кухни. На следующий день нас должны были отправить на сбор винограда в Южную Молдову, где еда уже не была бы проблемой, так как мы могли рассчитывать на трехразовое питание.

Впятером мы собрали все, что смогли найти, и в итоге у нас была одна курица и несколько картофелин. Один из друзей готовил курицу, а мы почистили картошку. Пока мы играли в карты, Игорь взял картошку и курицу и ушёл на кухню. Наши желудки урчали, потому что мы не ели весь день, и уже предвкушали вкус жаренной картошки с сочной курочкой. Наш друг Игорь вышел из кухни в коридор, держа в руках сковороду с курицей и картофелем, гордясь блюдом, которое он приготовил для всех нас из таких скудных ингредиентов, и тут ручка сковороды сломалась. Курица и картофель упали в туалетную воду, заливавшую коридор, и наши голодные глаза наполнились ужасом.

Когда мы собирали неиспачканный картофель, в коридоре мимо проходил старшекурсник и, взглянув на нашу курицу, ухмыльнулся и добавил: “Приятного аппетита, пацаны”.

Мне невольно вспомнилось, как годом раньше мы могли питаться недорогой едой и без особых проблем сводить концы с концами, а теперь с этой новообретенной демократической системой никто не знал, как обращаться. Фактически власть захватили бандиты, имущие злоупотребляли ею, в Приднестровье назревала война из-за сепаратистских настроений и влияния России.

В 1992 году Молдова собиралась привлечь военные силы для борьбы с сепаратистскими настроениями в Приднестровье и Гагаузии, поэтому в наш университет пришли вербовщики и пропагандисты войны, чтобы призвать студентов в национальную гвардию для участия в предполагаемых скорых военных действиях. Это были очень талантливые пропагандисты, которые искусно играли на нашем уязвленном национальном достоинстве, апеллируя к срочности “сейчас или никогда”, созданной ими же самими. Многие из нас, включая меня, поддались их агитации, и мы были посажены в автобус и вывезены в сторону мятежной республики Гагаузии.

Приехав в южный город Кагул, где располагался центр для зачисления в национальную гвардию, я быстро понял, какую ошибку совершаю. Самым сильным катализатором стало то, что моя девушка должна была приехать ко мне в Кишинёв из города Оргеев, где она училась на преподавателя. Сопоставив необходимость защищать национальную гордость с возможностью весело провести целые выходные с моей девушкой в общежитии, выбор был очевиден, выйдя из автобуса, я отправился обратно в Кишинев.

В понедельник я был потрясен, увидев свою мать, ожидавшую меня в университете, она испытала заметное облегчение, увидев, что я явился на занятия. Оказалось, что вербовщики снимали на видео, как мы садились в автобусы, и это транслировалось по телевидению, где мама увидела меня среди других студентов, отправляющихся в горячую точку. Мне была приятна забота матери, но в глубине души я знал, что сражаться в боях с оружием и на танках – это не мой жизненный путь.

На третьем курсе юридического факультета мне приснился интересный сон о том, что я слышу речь, доносящуюся с другой стороны массивной стены, однако я не видел, кто или что говорит. Я понял, что речь идет на иностранном языке, и начал перелезать через эту стену, только тогда язык постепенно стал мне понятен. К тому времени, когда я добрался до другой стороны стены, я уже точно знал, что мне говорят. В то время я сосредоточился на изучении французского языка, потому что ранее изучал его в школе; это был легкий курс. Но одно дело - изучать иностранный язык, а другое дело - использовать его на практике. Игорь станет одним из тех, кто изменит это для меня.

Я не планировал изучать английский, но это был очень популярный язык, так как по всему городу открывались частные курсы. Игорь неустанно уговаривал меня записаться с ним на курс английского языка, и когда класс французского языка был закрыт из-за отсутствия учеников, я, наконец, согласился пойти с ним на урок английского. Он сказал мне не волноваться. Несмотря на то, что я никогда в жизни не изучал английский язык, тем не менее, я каким-то образом попал на первый уровень продвинутого курса английского языка..., и не представлял, во что я вляпался, но я сразу же поставил перед собой задачу - выучить английский язык так, чтобы обучение оправдало себя.

Снимок сделан в общежитии в годы учебы на юридическом факультете: мой школьный друг Костя Морарь, впоследствии стал успешным хирургом и вернулся в наш родной город на севере Молдавии (справа), мой однокурсник по юридическому факультету Олег Алекса (слева), мой лучший друг и сосед по комнате Игорь Андриеш (крайний слева) и его сводный брат, изучавший историю, Василий Андриеш (крайний слева).

Илько (справа от меня), который впоследствии стал очень успешным хирургом в Румынии, и Дорин Коваль (слева от меня), с его скрытым гением.

К концу года был проведен конкурс на программу обучения за рубежом, спонсируемую Джорджем Соросом. Я продвинулся настолько, что чувствовал себя более уверенно в английском, и пытался убедить Игоря, что мы должны участвовать в конкурсе, но Игорь был непреклонен, утверждая, что мы провалимся, и нам нужно больше времени. Тем не менее я решил рискнуть и подал заявку на участие в конкурсе.

После прохождения процедуры подачи заявления и тестирования мои знания английского языка оказались достаточными, чтобы я прошел, и, если бы Игорь подал заявление, он, скорее всего, тоже прошел бы. Я заработал стипендию на обучение в Университете Венгрии на летний период, и с помощью связей отца я смог получить свой первый паспорт в срочном порядке и отправиться в Будапешт, чтобы изучать политическую экономику в Центрально-Европейском университете, ранее известном как Университет Карла Макса.

В Венгрии я познакомился с несколькими американцами, и они пробудили мой интерес к учебе в США – если уж я смог учиться в Венгрии, то почему бы не попробовать в США?

И снова невидимая рука привела меня туда, где я должен был оказаться на четвертом курсе юридического факультета в Молдове, и снова мой друг Игорь пропустил это событие, но на этот раз не по своей вине.

По программе юриспруденции частью нашего

учебного плана было посещение каждый понедельник клиники для оценки и наблюдения за психиатрическими пациентами: что вызывает психологические проблемы, каким образом те, кто страдает психическими расстройствами, несут уголовную ответственность, как это происходит, и почему некоторые из них нуждаются в уходе в лечебных учреждениях. Мы с друзьями вместо того, чтобы ехать в больницу, решили остаться в университете, но Игорь в тот день так и не добрался до университета, так как его машина сломалась на обратном пути из его родного города. Находясь в университете, я бродил по этажам и зашёл к координатору по международным программам. Все конкурсы на обучение в университетах за границей держались втайне от простолюдинов, таких как я, поэтому, когда я спросил представительницу по программам и она, замешкавшись и опустив глаза, сказала, что да, конкурс уже шёл на четвёртом этаже нашего здания, и даже аудиторию указала. Попав в нужную аудиторию, я встретил американку Лизу, которая проводила собеседование по программе обучения за рубежом в США, и я решил не мешкать и пройти собеседование.

Мой английский на тот момент был хорошим, но мне предстояло участвовать в собеседовании с носителями английского языка для участия в программе. Тем не менее мне удалось удачно пройти собеседование. Волею судьбы, благодаря удаче или мастерству, мне выпал шанс поехать в Соединенные Штаты на учебу в Университет

Центральной Флориды на мой выпускной год в 1994-1995 годах. Господин Юрий Седлецкий, декан нашего юридического факультета, изменил мое расписание экзаменов так, чтобы я смог наверстать упущенное, вернувшись из США в мае 1995 года.

Когда я приехал во Флориду, в один из первых же вечеров всех нас, восьмерых студентов молдавской программы по обмену, посадили в автобус и повезли на Pleasure Island (Остров удовольствий), развлекательный район в Диснейленде. Приехав из Молдовы, страны, где законы об электроэнергии заставляли экономить электричество, а на улицах по ночам царила кромешная тьма, я не был готов к тому, насколько потрясающим и красивым окажется Остров удовольствий, да и весь путь от нашей гостиницы до Острова был усеян разноцветными, сверкающими огнями. Все было ярким, и куда бы вы ни повернулись, везде было огромное количество огней; я подумал, что все Соединенные Штаты должны быть такими же. Позже, когда я начал путешествовать по Америке, я узнал, что это не так, мне просто повезло, что я попал сразу в самый красивый город самого красивого штата США.

Всего через несколько дней после моего приезда в США, 15 августа 1994 года на собрании Международной студенческой ассоциации университета центральной Флориды я встречу любовь всей своей жизни – Жасмин. Я разговаривал с ней почти все время; наши беседы протекали так легко и непринужденно, чего я никогда не испытывал раньше. Она не была похожа ни на одну из моих прежних девушек, поэтому я не ожидал того, что произошло дальше: той ночью я увидел ее во сне.

Я подхватил девушку, с которой познакомился, и обнял ее и взял на руки. Мы шли по дороге, которая шла вниз, но, когда дорога резко пошла вверх, я услышал голос, который прошептал: "Это твоя судьба". Я все еще отчетливо помню, как проснулся на следующее утро, ясно вспомнил сон, и был в полном замешательстве.

Всего через два дня состоялась поездка, организованная для нас Ассоциацией иностранных студентов; мы все поехали в Busch Gardens, Тампа. Поскольку ехать было два часа, нам пришлось ехать на машинах со студентами, у которых они были, и по случайному совпадению (которое, как я теперь знаю, на самом деле не является таковым, все случайности это просто стечение обстоятельств, которые давно были за нас предрешены) я поехал с Жасмин на её машине с другим моим молдавским другом и подругой Жасмин, турчанкой. Нам было так весело в Busch Gardens, и через несколько дней после этой поездки я понял, что влюбился по уши в эту девушку из Эквадора.

Когда я прибыл в Университет центральной Флориды, у меня в Молдове оставалась девушка, последний раз я видел ее, прощаясь с ней на вокзале, когда уезжал в Америку. Впрочем, я знал, что мы не будем вместе, так как мы с Жасмин подходили друг другу по всем параметрам. Мы не могли наговориться друг с другом, часами общаясь по телефону; все, что я узнавал о ней, было совершенно восхитительным. Жасмин была девушкой, на которой мне суждено было жениться, как и было предсказано в моем сне и, как и было загадано, когда я был девятилетним мальчиком в Новогоднюю Ночь.

Осенью 1994 года, будучи еще студентами по обмену, в университете центральной Флориды, Октавиан Кирияк, Николетта Мунтян и я дали интервью молдавскому журналисту, которое должно было выйти в эфир в Молдове. Забавно, но Жасмин присутствовала во время интервью, спрятавшись в углу нашей комнаты в общежитии, и наблюдала, как мы отвечаем на вопросы. Журналист задал один очень интересный вопрос, и я всегда удивлялся своему ответу 22-летнего юноши. Вопрос звучал следующим образом: “Ребята, хотите ли вы вернуться в Молдову или остаться в США?”. И Октавиан, и Николетта решительно заявили о своем намерении вернуться домой и помочь стране развиваться, чтобы стать “настоящей европейской страной”.

“Не я”, - сказал я. “Мой самый большой страх в том, что через двадцать лет я стану равнодушным и коррумпированным, как нынешние лидеры Молдовы”.

Моя точка зрения заключалась в том, что я не верил, что люди, которые управляли моей страной в то время, всегда были такими; когда-то они тоже были молодыми студентами-идеалистами с большой мечтой. Только после многих лет пребывания в системе они стали теми, кем стали: жертвами очень опасной парадигмы, которая может кардинально изменить вашу реальность и ожидания.

В 2014 году я увидел отблеск того, что могло бы стать моим будущим, когда помог своему другу и коллеге по юридическому факультету, судье, который бежал от проблем в Молдове. Я принимал его и его семью около шести месяцев, и за это время я понял, что он был оболочкой того человека, которого я помнил

Жасмин и я в Bush Gardens. Наша первая фотография вместе. Это был всего лишь второй раз, когда я провел время с Жасмин, всего через день после того, как она мне приснилась.

Жасмин и я на концерте Билли Джоэла и Элтона Джона весной 1995 года. Мы с Жасмин снова увидим концерт Элтона Джона, вот только смотреть его мы будем уже из vip-лоджии Nutriband на Amway Arena в апреле 2022 года.

тридцать лет назад. В университете мы обсуждали и спорили о теории Фрейда, философии и современных социально- экономических проблемах, но теперь он стал каким-то жалким, поверхностным и неинтересным. Он был заметно потрясен и напуган неприятностями дома, почти действовал на каких-то животных инстинктах, нехарактерных для человека, который работал судьей. Он рассказывал мне ужасные истории о том, частью чего он был, и хотел, чтобы я понял и встал на его сторону, но я просто не мог. Когда он говорил, по моей коже ползли мурашки при мысли о том, кем я мог бы стать, если бы решил сделать карьеру в Молдове. Даже сейчас мне хотелось бы думать, что, не обращая внимания на жизненные шрамы, я остался тем же 22-летним парнем, каким был во время интервью в далеком 1994-ом году.

В значительной степени Америка позволила мне сохранить свои ценности и развивать свою жизнь так, чтобы я мог гордиться ею; я испытал это во время участия в программе обмена. Обучение в Университете центральной Флориды было намного легче, чем на юридическом факультете, так как большинство экзаменов проходило в виде теста с несколькими вариантами ответов. Я мог прочитать материал один раз и все равно сдать экзамен, получив проходную оценку. Поскольку эти оценки не засчитывались в мой диплом юриста, мне было все равно, какие оценки я получал. Единственным предметом, который меня действительно волновал, был урок испанского языка, который я взял на весеннем семестре 1995 года. Я провел Рождество и Новый год с Жасмин и ее семьей в Эквадоре, что вдохновило меня на изучение испанского языка. Я думал, что знание румынского языка облегчит мне понимание испанского как еще одного романского языка, но это оказалось не так.

Когда мы вернулись из Эквадора, первое, что я сделал, это записался на лекции испанского языка III уровня. Мое первое занятие было катастрофой, так как все студенты имели базовое понимание испанского языка и могли говорить в той или иной степени, а я не знал ничего. Профессор, сеньора Катусик, сразу заметила это и подошла ко мне в конце первого занятия. Я сказал ей правду: я никогда раньше не посещал занятия по испанскому языку. Она посоветовала мне начать с курса первого уровня, но я сказал, что не могу: моя программа заканчивалась в мае, и у меня было всего четыре месяца, чтобы овладеть испанским языком до возвращения домой. Сеньора Катусик пристально посмотрела на меня с удивлением, и затем сказала: " Что ж, посмотрим, смогу ли я сотворить чудо…".

Я отнесся к курсу очень серьезно, так как очень хотел говорить на испанском с Жасмин; четыре месяца спустя, в то время как остальные в группе все еще читали по слогам и с трудом вели осмысленные разговоры, я уже свободно владел языком и воплотил мечту в жизнь! Сеньора Катусик поставила мне - А (пятерку) за курс, и я думаю, что это была единственная пятерка, которую я получил во время программы обмена.

После окончания программы в мае 1995 года я вернулся в Молдову, чтобы сдать экзамены в Молдавском государственном университете и начать работать в банке Intreprinz Banca. Я знал, что должен вернуться в США, и поэтому мне удалось уговорить своего бывшего начальника Вячеслава Визира спонсировать мое обучение в Университете центральной Флориды на степень магистра по прикладной экономике.

У меня были очень хорошие отношения с Вячеславом, который был сыном президента банка; он действительно верил в меня и искренне хотел, чтобы я добился успеха. К сожалению, после моего отъезда в США он поссорился с высокопоставленными чиновниками, что привело к серии расследований, организованных правительством. Это привело к краху банка, а отец и сын были арестованы и обвинены в коррупции. Вся финансовая система в то время только создавалась, поэтому некоторые правила были не совсем ясны или не совсем четко прописаны. Я считаю, что их наказание было чрезвычайно суровым за предъявленные им обвинения.

Мой бывший начальник провел 11 лет за решеткой, и как только он вышел на свободу, я смог встретиться с ним. В моей памяти он оставался 35-летним бывшим офицером ВВС, красивым и сильным, но, когда я встретил его после освобождения, это был сломленный человек. Мне было грустно видеть его таким, особенно потому, что его помощь помогла мне поступить в Университет центральной Флориды на магистратуру в 1997 году. Без его спонсорской помощи это было бы невозможно в то время.

Когда я учился на третьем курсе юридического факультета, мне приснился яркий сон, что университет ввел углубленную математику в программу юридического факультета. Я проснулся в панике и сразу же рассказал об этом своим соседям по комнате, обоим Игорям; мы все вдоволь посмеялись. Кошмар с математикой стал явью, когда я получал степень магистра прикладной экономики. Во время учебы мне пришлось иметь дело с производными инструментами, кривой Филлипса и статистическими данными на таком уровне, с которым я раньше не сталкивался, что стало проверкой моих способностей. Первый предмет по статистике я проходил в классе профессора Соскина, уроки которого я с трудом понимал из-за его стиля преподавания. В классе я не мог понять ничего из того, что он говорил, поэтому я решил больше внимания уделить учебнику; учебник, однако, был написан тем же профессором Соскиным. Читая его учебник, можно было слышать голос профессора, поэтому я все равно абсолютно ничего не понимал.

У меня никогда не было таких проблем с другими предметами, так как у меня была феноменальная память, и я практически запоминал целые учебники, прочитав их всего несколько раз. С профессором Соскиным и статистическими данными я не мог использовать свою обычную методику - впитывать как можно больше информации, а затем применять ее на практике. Первый из трех общих экзаменов за семестр я провалил, получив балл - D (три с минусом), что повергло меня в полную панику. Это была программа магистратуры: Я не думаю, что можно получить балл - С (тройку) за какой-либо предмет, так как средний балл должен быть не ниже - В (четверка).

Чувствуя беспокойство, я пошел к профессору Соскину и попросил его о помощи, честно сказав ему, что у меня проблемы с его курсом и мне нужны подсказки, как преуспеть. Его совет мне не помог, если мягко выразиться: он сказал мне, что магистратура по прикладной экономике - очень сложная программа, и что она может оказаться выше моего интеллектуального уровня. Закончив юридический факультет в числе лучших в своем классе и владея четырьмя языками, я еще никогда не получал такого откровенного оскорбления. Я поблагодарил его за уделенное мне время и ушел, не зная, что делать дальше, и как я буду сдавать следующие два семестровых экзамена.

Как это всегда бывало, в критический момент вселенная предоставила мне решение. Я подружился с турецким студентом из того же класса, Хусейном Турхангилем. Он был сыном очень важного политика, руководителя фракции в турецком парламенте, которая за год до этого успешно объявила импичмент премьер-министру Турции Тансу Чиллерру. Это не имело никакого отношения к статистике, но тот факт, что Хусейн закончил лучший математический университет в Турции, имел к ней самое непосредственное отношение. Хусейн помог мне с репетиторством; его объяснения были настолько простыми, что для меня все стало понятно, и я действительно сдал два следующих экзамена на отлично.

На последнем экзамене, после того как я сдал второй экзамен, Соскин сидел рядом со мной, думая, что я списываю, чтобы спасти свои оценки. Так вот, примерно через 15 минут после начала экзамена я был единственным, кому удалось обнаружить ошибку в одном из его вопросов с несколькими вариантами ответов, поскольку вопрос содержал два правильных ответа, а не один, как подразумевалось в задаче. Мне было легко указать ему на ошибку, так как он сидел рядом со мной. После того как он выслушал меня, он, не говоря ни слова, подошел к доске и попросил внимания класса. Он сказал, чтобы они не обращали внимания на эту задачу, так как в ней был ошибочный ответ. Больше он ко мне не возвращался... Университет был вихрем испытаний и успехов. Сейчас невероятно волнительно вспоминать об этом.

Моя жизнь изменилась так быстро, всего за несколько лет я прошел путь от работы в автомастерской, и учебы на юридическом факультете до изучения прикладной экономики во Флориде. Самая большая перемена произошла, когда мы с Жасмин поженились 21 декабря 1996 года на ее родине в Эквадоре (благодаря финансовой поддержке моих родителей).

В качестве свадебного подарка мои родители подарили нам 3 000 долларов - огромные деньги по тем временам, и мой тесть разрешил нам жить в его летнем доме в Орландо, пока я учился в Университете центральной Флориды. Никто не пользовался общественным бассейном в летнем доме, поэтому я мог готовиться к занятиям, греясь на солнце у бассейна. Это было больше, чем я когда-либо мог надеяться. Какой бы невероятной не была жизнь в Соединенных Штатах, она не была сплошным гламуром и огнями, как на Острове удовольствий.

Во время учебы в Университете центральной Флориды я работал в местном McDonald's с 5 утра до 3 часов дня за 4,75 долларов в час, а затем шел в университет с 6 до 9 вечера. Мы получали скидки на еду, но я не мог позволить себе тратить ту небольшую зарплату, которую получал, поэтому вместо этого я прятал свеже состряпанный мною буррито на завтрак в карман и прятался в морозилке, чтобы поесть вдали от любопытных глаз менеджеров и камер наблюдения. Деньги, которые у нас были, мы тратили на все самое необходимое, чтобы жить во Флориде и учиться в университете.

Чтобы еще больше экономить, я купил Audi 4000 у бывшего парня моей сестры за 1500 долларов, однако я должен был догадаться, что меня обманывают, так как в машине открывались только три двери и одно окно. На каждом пункте оплаты за проезд, на платных дорогах, мне приходилось открывать дверь, потому что водительское окно не опускалось. Даже спустя годы, когда мне приходилось платить за проезд на своих новых автомобилях, у которых все четко работало, я все равно по привычке полностью открывал дверь, чтобы бросить монеты в автомат.

Когда все было готово: страховка автомобиля, право собственности на автомобиль, плата за обучение и учебные пособия, - к январю 1997 года у нас с Жасмин оставалось всего 100 долларов. Как бы не было тяжело, я гордился собой за то, насколько далеко я продвинулся, и считал, что мне очень повезло, что я нашел Жасмин. С моим образованием и опытом я был готов вступить в мир бизнеса в Америке, но я просто не представлял, что меня ждет и как это все произойдёт.

3
БОЙЛЕРНАЯ [1]

После отъезда из Молдовы я почувствовал, как мой мир открывается и расширяется, начиная от знакомства с Флоридой и заканчивая поездкой в Эквадор с Жасмин. Однако, чтобы продолжать жить в Соединенных Штатах, мне пришлось столкнуться с проблемой получения визы H1-B, что означало сохранение работы, которая сможет меня прокормить, пока я не получу грин-карту. У меня оставалось ограниченное количество времени в Университете Центральной Флориды в качестве студента, и мне нужно было найти работу после учебы. К счастью, мне удалось получить небольшую помощь от моих друзей.

Октавиан Кирияк был среди первой группы молдаван, приехавших в Университет центральной Флориды в августе 1994 года, и он же был моим первым соседом по комнате после того, как я поселился в комнате с моим другом Виорелом Портаром во время программы обмена. Пока я заканчивал юридический факультет в Молдове, он остался в Университете центральной Флориды, чтобы получить степень магистра делового администрирования, так что к тому времени, как я закончил университет, он уже успел побывать в разных уголках мира и работал в Нью-Йорке. Он знал о моих трудностях с поиском работы, которая бы спонсировала мою визу, и сделал все возможное, чтобы помочь мне. Когда я получал степень по прикладной экономике, Октавиан смог устроить мне собеседование на работу в компанию на Манхэттене с годовой зарплатой в 90 000 долларов. В то время я работал за 10 долларов в час, а большинство вакансий начального уровня после окончания университета имели стартовую зарплату ближе к 36 000 долларов, даже если у вас была степень магистра. Воодушевленный перспективой работы в хедж-фонде (инвестиционном фонде) в Нью-Йорке, я отправился на север в Нью-Йорк, чтобы встретиться с представителями компании, но меня встретила ноябрьская погода Нью-Йорка. Постоянно шел мелкий, холодный моросящий дождь, что напомнило мне позднюю ноябрьскую погоду в Молдове, которую я терпеть не мог, особенно после жизни в яркой и солнечной Флориде.

Я спросил Октавиана, хорошая ли это работа, стоит ли ввязываться в эту работу ради денег? Он предупредил меня, что мне придется жить как он, а это значит каждый день ездить на поезде в город. Он не мог позволить себе жить на Манхэттене, поэтому жил в Коннектикуте, добираясь на поезде по часу в каждую сторону, к тому же тратя время на парковку, и в целом проводил в пути по три

часа в каждый конец. Я знал, что не смогу так жить.
В то время я проводил свои дни, заканчивая работу к 3-4 часам дня, и отдыхал у бассейна, и я не хотел менять такой образ жизни на напряженные поездки на работу и холодную зиму, как хорошо бы мне не платили.

Я решил рискнуть и самостоятельно найти следующую работу, но это оказалось сложнее, чем я думал. Я ходил с собеседования на Бойлерная собеседование, готовый окунуться в новую работу, но как только я заговаривал о том, что мне нужен спонсор для визы H1-B, тон собеседований менялся. Я видел, как менялись лица участников встречи, и они сразу же говорили, что я "сверхквалифицированный" для этой должности. Я начал отчаиваться, так как компании не хотели спонсировать мою визу, и к тому же Жасмин тоже нужно было получить рабочую визу, так как она гражданка Эквадора. У меня был только год после обучения в университете, а затем срок действия моего разрешения на работу истекал.

В конце концов Октавиан снова появился, на этот раз он узнал о перспективе работы в компании, с которой у него был опыт работы во Флориде. Важным фактором была близкая расположенность, но еще важнее было то, что они были готовы спонсировать мою визу. В 1999 году я отправился на собеседование в Altamonte Springs. Я понятия не имел, чем занимается эта компания и что происходит, но я сел за стол с мужчиной и женщиной, оба из Пуэрто-Рико, которые были невероятно милы. Они приняли меня на работу в качестве аналитика, и, честно говоря, я все еще не имел ни малейшего представления о том, чем занимается эта компания, когда уходил с собеседования; я просто знал, что мою визу спонсировали и у меня есть работа.

Оглядываясь назад, я сожалею, что не знал, что такое “бойлерная”, но в целом этот тяжелый опыт сыграл кардинальную роль в формировании моего делового чутья.

С бумом Интернета появилось множество компаний, которые выходили на рынок по цене от 10 до 15 долларов за акцию, но акции, с которыми мы работали, не имели финансовых показателей, подтверждающих их стоимость. Моя работа заключалась в анализе этих компаний для брокеров, которые продавали акции по телефону. На бумаге разрабатывалась невероятная технология, но оказалось, что все это было мошенничеством –
всё было ложью.

Была одна медицинская компания, которая утверждала, что у нее много новых технологий и пять грузовиков для доставки своей продукции по всей стране, и все это приносило большой доход. Однако, когда я поговорил с одним из брокеров, он сказал мне, что у этой компании ничего нет - у них нет даже одного грузовика, не говоря уже о пяти. Другая компания, как говорили, разработала новый материал, непроницаемый для огня и радиации. Эти акции торговались по 2 и 3 доллара, никогда не поднимаясь выше, потому что, как сказал мне другой брокер, “если акция стоит 2 доллара, значит, она заслуживает того, чтобы стоить 2 доллара”. Забавно, что и по сей день я помню эти компании и их обозначения: BLTD, FFCI, LIFR, KRHL...

Компании не проходили периодическую проверку, поэтому вы могли торговать на внебиржевой доске объявлений и иметь котировки у действующих рыночных операторов; кроме того, финансовые показатели компании не подлежали аудиту. Можно было говорить все что угодно, поэтому было очень сложно понять, что реально, а что нет. Я начал с анализа этих компаний и определения того, что реально, но вскоре на меня были возложены обязанности по обзвону и обучению других брокеров. Все акции, как я выяснил, были обманом; все акции непременно падали с 10 долларов до цента в течение шести месяцев, и очень многие люди теряли не просто деньги, а целые состояния.

Один из брокеров, Барри, вложил 50 000 долларов в акции, которые впоследствии стали провальными, купив их по моей рекомендации по 9 долларов за акцию и выше. Я предупредил его о необходимости продать акции по цене 3 доллара за штуку, но он решил держать их до самого конца. В итоге он потерял каждый цент, вложенный вместе со мной. Ему пришлось продать свой дом и переехать в квартиру, и его жизнь рухнула. Я чувствовал себя ужасно виноватым и пытался сделать все возможное, чтобы помочь ему, но в конце концов это не имело значения. Он был не единственным, с кем это случилось, было много других.

Один за другим наши проекты стали проваливаться, и я окончательно понял, что такое игра в бойлерной. Мне становилось все труднее и труднее рассказывать истории, стоящие за этими фальшивыми компаниями, по мере того как мы читали ложный анализ рынка, поэтому мои продажи неизбежно начали падать. В конце каждого месяца я едва сводил концы с концами, но я должен был оставаться на этой работе, чтобы они спонсировали мою визу. Введение людей в заблуждение съедало меня изнутри, но, в свою очередь, это стало для меня откровением: если я смог заинтересовать инвесторов в этих фальшивых компаниях, почему я не могу сделать тоже самое с настоящими компаниями?

Я увидел потенциал для того, чтобы привлечь внимание к реальным начинающим компаниям и быть прозрачным с ними во всем процессе. На тот момент я был еще молод и неопытен, поэтому не имел представления о том, что это за процесс, но я знал, что не хочу быть похожим на тех мошенников, с которыми я работал, которые просто брали деньги и испарялись.

Мой друг, один из брокеров, с которыми я работал, предложил мне должность в First Union Securities. Они были готовы спонсировать мою рабочую визу, но я должен был сдать тесты на получение лицензии Series 7. К счастью, я был освобожден от работы в “бойлерной” и сразу же начал готовиться к тестам на получение лицензии Series 7, чтобы стать финансовым брокером. Мне казалось, что это реальная возможность изменить ситуацию, поэтому я посвятил себя работе и сдаче тестов. Чтобы прокормить себя, я устроился на работу в Пицерию Papa John’s, доставляя пиццу с 17-00 до позднего вечера, четыре дня в неделю, и зарабатывая примерно столько же, сколько зарабатывал в качестве аналитика.

Каждое утро я изучал старые ксерокопии книги по Series 7, потому что у меня не было возможности приобрести дорогую учебную книгу и другие приложения для подготовки к экзамену. Наконец мое упорство принесло свои плоды: Я смог сдать экзамены на 80% и начать работать в First Union Securities.

В First Union Securities меня окружали очень высокопрофессиональные брокеры, у которых были крупные клиенты, инвестирующие огромные суммы денег. Я наблюдал, как они покупали все подряд, а затем быстро разворачивались и продавали, не следуя никакой реальной научной основе. Вскоре я понял, что они не так уж сильно отличаются от работников бойлерной; даже если рынок становился очень плохим, и все теряли деньги, вы все равно должны были делать очередные телефонные звонки и направлять клиентов на покупку акций, в которых мы больше не были уверены.

Опять же я чувствовал себя в ловушке, мне не

нравилась эта работа, но это было то, чем я располагал на тот момент, работая рядом со всеми Бойлерная этими людьми, которые были двуличны в своих деловых отношениях. К тому времени я и не подозревал, что тесно сотрудничал с мошенником в своих собственных сделках.

4
ВАДИМ И ASCONI

Впервые я встретил Вадима Еникеева еще до работы в бойлерной, меня с ним познакомил друг на встрече русских эмигрантов, и сказать, что он произвел на меня ошеломляющее впечатление, — это ничего не сказать. Вадим представлял себя мультимиллионером с докторской степенью Колумбийского университета, ездил на новейшем на тот момент Jaguar и носил часы Rolex Presidential за 30 000 долларов, в то время как я едва окончил обучение, еле сводил концы с концами и пытался найти работу и сохранить визу. Это была короткая встреча, но образ его в моем сознании закрепился: он был примерно моего возраста, но за такой короткий срок смог добиться, по моим тогдашним понятиям, невообразимого успеха.

Снова я увидел Вадима уже после того, как начал работать финансовым консультантом в First Union Securities, куда он сделал вклад в 10 000 долларов после открытья счета со мной. Пока я управлял его деньгами, я наслаждался его компанией, поскольку он был интересным человеком, постоянно рассказывая о многомиллионных сделках или о бесчисленных связях с успешными бизнесменами. Мы постепенно стали друзьями, это было неизбежным, потому что от него исходила такая аура, что мало кто смог бы не поддаться его обаянию.

По мере того, как наши отношения становились ближе, он начал приводить клиентов в First Union Securities для открытия счетов, и нам стало удобнее работать вместе. В конце концов, я рассказал ему о своей мечте – выводить компании на биржу, и он оказал мне огромную поддержку, желая сотрудничать со мной в этих сделках и использовать для этого все свои связи.

В конечном счете потребовалось некоторое время, но я понял одну очень интересную деталь, которая легла основополагающим принципом во всех моих последующих отношениях: честные люди не говорят о своей честности, верные люди не хвастаются тем, что они могут быть верными, богатые люди не говорят о том, сколько у них денег. А вот мошенники – да, говорят и не просто говорят, из них ложь иногда прямо ключом бьёт. Работая с Вадимом, я это чувствовал, эти признаки присутствовали все время, но я был слишком молод и неопытен, чтобы увидеть, для чего это все было – для мошеннических сделок. Первый раз я заподозрил неладное, когда он привел клиентку из России, крупную фигуру из администрации президента Российской Федерации. Она лично знала Владимира Путина и приехала в Орландо, чтобы встретиться со мной по поводу открытия инвестиционного счета в First

Union Securities. Перед ее приездом в офис мне позвонил Вадим, и сказал мне то, что вызвало у меня недоумение и удивление. Он сообщил мне, что сказал этой женщине из России, что он является владельцем First Union Securities, и чтобы я это подтвердил, если она спросит. Понятное дело, я сразу же попросил его повторить то, что он сказал по телефону, и он повторил свою ложь, после чего повесил трубку.

Оглядываясь назад, я понимаю, что правильнее было бы отменить встречу, но в тот момент я понятия не имел, что мне делать. У First Union Securities не было единого владельца, поскольку это была многомиллиардная компания с бесчисленным количеством акционеров, и Вадим не имел никакого отношения к компании. Но я не мог противоречить Вадиму, иначе я бы подставил его под удар и поставил бы под угрозу сделку.

Когда россиянка спросила меня, является ли Вадим на самом деле владельцем компании, я сразу же преуменьшил его роль, сказав, что он “совладелец компании”, и оставил все как есть. Этот его ход, заставивший меня согласиться с его ложью в последний момент, чтобы произвести впечатление, стал привычным по мере того, как я продолжал работать с ним.

Одними из моих первых клиентов в качестве брокера Series 7 были партнеры Анатолий Сырбу и Константин Житару из молдавской винодельческой компании Asconi, которых мне порекомендовал мой тогдашний свояк. Мы с

Вадимом были заинтересованы в выходе Asconi на биржу и начали обхаживать их. В то время я был еще невероятно неопытен и понятия не имел, как вывести компанию на биржу, поэтому инстинктивно предоставил Вадиму вести большую часть переговоров, так как считал, что он более опытный. Он и по сей день для меня является самым талантливым продавцом по заключению сделок, которого я когда-либо встречал; про таких говорят, что они могут продать лёд эскимосам; он всех обводил вокруг пальца. Неимоверно талантливый махинатор. Он говорил с такой уверенностью и убежденностью с этими бизнесменами, которые были гораздо старше и опытнее нас обоих, говорил с ними так, как будто он уже контролировал Asconi.

Вадим просто обладал изумительным шармом и харизмой; он заставлял вас чувствовать себя близким другом, но при этом в нем всегда присутствовал элемент загадочности.

В какой-то момент нам нужно было получить визу для американца, чтобы попасть в Россию для деловой поездки. Я наблюдал, как Вадим вошел в российское посольство с американцем, показав своё удостоверение и назвав себя “советник президента Российской Федерации”, и через полчаса они вышли с визой. Если Вадим чего-то хотел, он умел это получить, и я видел это воочию.

В консультировании по первичному размещению акций с нами участвовали несколько инвестиционных банкиров, одним из которых был Томас Тедроу, у которого в компании я позже работал. Вадим сказал мне отойти на второй план во время переговоров, потому что я, будучи в то время брокером Series 7, создавал конфликт интересов. Наша сделка с Вадимом была 50/50. Мы разделили бы все пополам, как мы и обсуждали, но меня все еще не устраивало это соглашение, если перефразировать слова Ивана Васильевича Бунша из фильма «Иван Васильевич меняет профессию»: «Меня терзали смутные сомнения...». Я не был уверен, что он обладает достаточными знаниями, чтобы провернуть эту сделку, особенно, когда он еще счел необходимым солгать во время наших переговоров с Asconi, сказав, что является владельцем отеля Delano в Майами. Тем не менее, вопреки здравому смыслу, я согласился позволить ему взять в очередной раз ситуацию под контроль.

Пока я готовился к поездке в Молдову с одним из потенциальных инвестиционных банкиров, я получил тревожный звонок от Вадима.

Юристы уже продвигались вперед с оформлением регистрации компании Asconi, но Вадим сказал мне, что он едет в Техас, потому что Томас Тедроу, наш клиент, нашел хорошую торговую площадку уже торгующейся на фондовой бирже компании (Shell) для сделки.

Это было для меня тревожным сигналом, и я сказал ему, что это кажется мне огромной ошибкой. Я спросил его: “ Что ты знаешь о компании, в которую предлагалось слить

Asconi?”. Он не знал абсолютно ничего о той компании; сколько акций будет доступно, и что входит в состав компании, сколько у нее долгов, какие обязательства она несет, и т.д. Не было проведено никакой проверки, но он все равно упористо собирался подписать сделку. Он начал орать, что он главный игрок в этой сделке, и он собирается это сделать, хочу я этого или нет. В тот же вечер я позвонил в Молдавию своему свояку, мужу моей сестры, который привел ко мне Asconi в качестве клиента, и предупредил его о том, что происходит, но он сказал мне не поднимать шума вокруг этого, проговорив: “Посмотрим, что произойдет”.

Я хотел предупредить Анатолия и Константина, владельцев Asconi, но они уже подписали доверенность Вадиму, и я ничего не мог сделать. Вадим поступил очень умно, попросив меня представить его в качестве “ главного парня”, и в тот критический момент я не имел никакого значения – мое слово не имело никакой цены, мое мнение не было важно. Он был лицом всей операции, тесно сотрудничал со всеми, хотя формально они с самого начала были моими клиентами. Тем не менее, я оказался в ловушке, которую сам же по своей жуткой неопытности и создал, и начал молиться об освобождении от влияния Вадима, но это освобождение пришло нескоро.

Я организовал огромное количество деловых встреч с Вадимом и со мной в качестве корпоративных промоутеров, включая встречи с президентом Молдовы, в то время Президентом Ворониным. У меня дома до сих пор висит фотография, на которой Еникеев, Тедров и я с президентом, распространяющим информацию об Asconi. Встреча с президентом Молдовы была частью поездки по проверке благонадежности, которую мы предприняли после того, как Вадим подписал Asconi Corporation на слияние с фиктивной компанией Grand Slam Treasuries, которую ему предложил Тедроу.

Встреча Владимира Воронина, президента Молдовы (в центре справа), с Вадимом Еникеевым (крайний слева), Томасом Тедроу (в центре слева) и я (справа).

Все это время акции продолжали расти, торгуясь в районе 7 и 9 долларов, но менее чем через месяц после обратного слияния рынок наводнился огромным количеством акций. Мы с Вадимом получили свою часть, ограниченную к обращению акций, которыми нельзя было торговать по крайней мере в течение года после их выпуска, но только тогда, когда я пошел в офис First Union Securities и просмотрел все данные по сделке с Asconi, я понял, что произошло.

Вадим подписал все, что хотели от него банкиры, не понимая до конца, что он подписывает. Shell company, участвовавшая в обратном слиянии, называлась Grand Slam Treasures и занималась поиском сокровищ по всему Мировому океану. Если это напоминало чем-то мошенничество, то только потому, что именно так оно и было.

Согласно условиям сделки, наши клиенты из Asconi должны были сохранить большинство акций компании, около 80%, но, когда я проверил цифры, у Asconi осталось только около 30%. Вадим выпустил 1,6 миллиона акций S-8 (акции изначально выпускаются в прямое свободное обращение) между четырьмя группами банкиров и консультантов, в то время как клиенты Asconi, Вадим и я не получили ни одной акции свободного обращения. Этими акциями S-8 можно было торговать, как только банкиры захотят, поэтому они сразу же начали наводнять рынок этими акциями, заработав миллионы долларов в течение нескольких месяцев после заключения сделки. Анатолий и Константин, которые потратили всю свою жизнь на создание винодельни, оказались кинутыми, и в этом отчасти был виноват я.

Чувство вины за предательство переполняло

меня, поскольку в этот момент я не мог доверять никому, кроме своих клиентов в Asconi. Инвестиционные банкиры вводили нас в заблуждение с самого начала, а Вадим лгал мне на каждом шагу. Я позвонил Анатолию и Константину, чтобы объяснить, что произошло, и сказал им, чтобы они немедленно приезжали в США. Я предложил нанять для них адвоката, чувствуя ответственность за то, чтобы все исправить, и даже заплатил им аванс в размере 15 000 долларов. Константин был единственным, кто приехал в США в это время, и я был там, чтобы помочь распутать Гордиев узел, который я непреднамеренно создал. После того как мы встретились с юристами и составили четкую схему дальнейших действий, Asconi сказали мне, что я должен работать на них, но мне придется вернуть все свои первоначальные акции. Что еще хуже, у меня все еще не было грин-карты, и компания должна была бы спонсировать меня для получения рабочей визы H-1B.

Мне казалось, что это было слишком большим рычагом давления на меня, поскольку они могли в любой момент кинуть и забрать все одним щелчком пальца (гораздо позже я пойму, что мой инстинкт был правильным, честность партеров Asconi в сделках была жестоко переоценена, и если они только чувствовали слабость, то совсем не брезговали самыми грязными приемами), и я счел это плохой сделкой. Примерно через неделю, после того как Константин вернулся в Молдову, я получил иск от владельцев Asconi, в котором меня причисляли к

Вадиму и инвестиционным банкирам. Это был один из самых стрессовых опытов, который я когда-либо испытал в бизнесе. Я так сильно ударил кулаком в стену на кухне в доме отдыха моего тестя, что мой кулак полностью прошел насквозь, с другой стороны, выбив кухонный телефон на другой стороне стены. Мне предъявили иск на огромную сумму, и все это я устроил своими собственными руками и своим молодым «деловым слабоумием».

Именно я познакомил Вадима с Asconi и дал старт всему этому процессу, поэтому во всем, в чем обвиняли его и банкиров - в сговоре с целью совершения мошенничества, в сговоре с целью хищения их активов, невыполнению обязанностей по отношению к держателям акций - обвиняли и меня. У меня не было ни активов, ни ресурсов для защиты от этого иска, и только после того, как мне помог один из обвиняемых инвестиционных банкиров, Томас Тедроу, у меня появился шанс на борьбу (хотя за его помощь пришлось позже дорого заплатить).

Вадима разоблачили во всей его лжи, в том числе и в том, что он не имел степени доктора философии Колумбийского университета, среди прочего он не был мультимиллионером, даже маленьким миллионером не был он, поэтому ему также пришлось быть вовлеченным в судебный процесс, имея ограниченные ресурсы. Вместо того, чтобы отвечать по иску, он пошел служить в армию США. Всего несколько месяцев спустя 11 сентября потрясло мир, и он был отправлен в Ирак как неотъемлемая часть бравых американских пехотинцев.

Вадим был единственным, кто даже не пытался защищаться, поэтому вскоре после возбуждения судебного дела против него было вынесено решение по умолчанию на всю сумму в 12 миллионов долларов. В конечном итоге в феврале 2003 года я помог ему договориться с Asconi и отменить решение суда против него. В то время он еще служил в армии, поэтому во время этого процесса я имел дело с его бывшей женой.

После этого я не разговаривал с Вадимом до 2007 года, когда он приснился мне в невероятно ярком сне, и он позвонил мне буквально через несколько дней после этого. Мы встретились, и на какое-то время возродили нашу дружбу, дошло даже до того, что мы вместе создали футбольную команду в Центральной Флориде, выиграли многочисленные кубки и чемпионаты.

Он снова и снова предлагал работать со мной, но я категорически отказывался; вместо этого я рекомендовал юристов и бухгалтеров, чтобы помочь ему с его последним проектом. Но Вадим, как известно будучи Вадимом, не мог долго оставаться в стороне от неприятностей. Его проектом была российская компания, которую он вывел на биржу, и когда она начала торговаться, и он сразу же поддался искушению. Нужно ждать не менее года, прежде чем можно будет заработать на акциях, но это не было правилом для Вадима.

До его переезда у нас были соседние офисы в

корпоративном центре. По невероятному совпадению из-за почтовой ошибки счет, предназначенный для него, был отправлен на мой офис. Это был первый платеж за Aston Martin на сумму более 4 000 долларов. Я смог разыскать Вадима через своих знакомых и поехал к нему лично в его новый офис. Что я могу сказать? Я был заинтригован.

Мои подозрения полностью оправдались, когда я увидел его новый офис. Только он и банк занимали величественный, огромный, первый этаж здания First Union Building прямо в коммерческом центре Орландо. Я видел много молодых студентов, работающих там, и только потом узнал, что Вадим нанимал их на трехмесячные испытательные сроки без оплаты. После того, как они отработали свой срок, он их увольнял и нанимал других. Я узнал, что арендная плата за офис была астрономической, а его российские инвесторы оплачивали его расходы на офис. Я понял, что Вадим продает свои акции ради личной выгоды, чтобы сохранить цену и объем на рынке, и немедленно позвонил всем своим знакомым, которых я ему представил. Я предупредил их, что у его проекта есть всего от трех до шести месяцев, прежде чем он потерпит серьезный крах, и, конечно, через два месяца он упал до центов. После лета 2011 года Вадим исчез, и я ничего не слышал о нем до 2014 года.

В конце концов преступления Вадима настигли его в России. Я узнал, что он был арестован за печать поддельных сертификатов и продажу их под видом акций американской компании, которая планировала IPO (публичное размещение акций) на финансовых рынках США, тем самым обманув российских инвесторов более чем на 50 миллионов долларов. Вадим стал одним из главных фигурантов пирамиды «Рост», по слухам, второй по значению и убыткам для инвесторов после знаменитой «МММ». Он и его сообщники жили в достатке на деньги инвесторов, покупая экзотические автомобили и мотоциклы и даже выставляя некоторые из них в своих офисах. В 2014 году ФСБ России поймала всех его сообщников, и он был приговорен впоследствии к девяти годам лишения свободы.

Если бы я встретил Вадима снова, я бы все еще разговаривал с ним и, возможно, даже наслаждался бы нашим общением, даже после его пребывания в российской тюрьме. Своим успехом я во многом обязан работе с ним, потому что он бросил меня в самую гущу событий на самую большую глубину; я обрел уверенность в своих силах и способностях, поскольку меня вытолкнули на такой уровень, которого я никогда не ожидал достичь. Если бы не он, я бы, наверное, так и остался скромным финансовым консультантом с прилично оплачиваемой работой, не делая ничего примечательного или захватывающего. Однако работа с Вадимом была лишь вершиной айсберга, поскольку она дала старт одной из самых сложных шахматных партий в моей жизни против Томаса Тедроу.

5

ТОМАС И СУДЕБНЫЙ ИСК ASCONI

Было очень сложно испытывать ненависть к Томасу Тедроу. Хотя я и знал, что он участвовал в некоторых сомнительных сделках и был в виноват в судебном процессе против Asconi, в нем было неоспоримое обаяние - он всегда был невероятно мил и вежлив, и я с теплотой вспоминаю его.

Томас был олицетворением успеха и класса - он был из тех парней, которые в молодости играли в рок-группе, он с лёгкостью изображал из себя крутого симпатичного парня. Помимо того, что он был инвестиционным банкиром, он также написал серию детских книг и адаптировал их для экранизации. У него была красивая жена, красивые дети и потрясающий дом. Он был воплощением мечты. В то время, когда я его встретил, он был примерно того же возраста, что и я сейчас. Если бы в то время у меня был какой-либо пример для подражания, то это, без сомнения, был бы Томас.

Когда он говорил с тобой, ты чувствовал, что тебя видят и слышат, поэтому я могу винить только себя за то, что был введен в заблуждение сделкой с Asconi. Вы идёте только до тех пор, пока кто-то ведет вас за собой. Даже в рукопожатии Томас был особенным: он всегда использовал левую руку, чтобы прикрыть правую руку человека, которому пожимал руку, чтобы тот почувствовал себя особо ценным. Это срабатывало на все 100.

К сожалению, это привело меня прямо к судебному разбирательству с компанией Asconi на сумму 12 миллионов долларов, которая считала, что я предал компанию в то время, когда они ожидали наибольшего успеха.

Перед судебным разбирательством, когда сделка была еще в силе, Томас предложил мне работу в своей компании, но я не хотел соглашаться, так как мечтал получить должность в Asconi. За несколько недель до этого я уволился из First Union Securities, и мне не хотелось туда возвращаться. Когда нас всех постиг судебный иск, я оказался в тяжелом положении: у меня не было работы, у меня была только виза, срок которой истекал, и у меня не было денег. Я пошел к Томасу, чтобы узнать, могу ли я по- прежнему работать на него, и он принял меня, то ли потому, что ему нравилась моя работа, или скорее потому, что он хотел держать меня рядом во время судебного процесса.

Я работал консультантом у Томаса, привлекая новые сделки в его фирму, но это было под очень большим стрессом, поскольку я рассчитывал на получение от него рабочей визы и спонсорства на Грин Кард. Нет ничего хуже, когда твоя судьба полностью зависит от кого-то, которому не просто нет дела до тебя, а он еще и тебя кинет при первой возможности, чтобы защитить себя за твой счет. Я неохотно заключал каждую сделку и не мог избавиться от чувства тревоги, прекрасно зная, как Томас использовал Asconi в своих интересах. Он был в числе четырех инвестиционных банкиров, которые выпустили для себя 1,6 миллионов акций Asconi, прежде чем заполонить ими рынок. Я знал, что это лишь вопрос времени, когда Томас попытается каким-то образом использовать меня в судебном процессе.

Когда Asconi подал на нас в суд, у меня не было своего адвоката, но Томас смог предоставить мне своего, даже заплатив за меня аванс, поскольку у меня не было денег. Адвокат написала заявление об отказе от иска, но после этого я вскоре понял, что она не очень хороший адвокат или по крайней мере не очень заинтересована в моем деле. Моя финансовая ситуация становилась все более мрачной, так как теперь мне нужно было оплачивать услуги нового адвоката, а у меня не было средств, чтобы противостоять.

В этот невероятно тяжелый для меня период я сделал единственное, что мог сделать: я обратился к Томасу Тедроу с просьбой продать мои акции Asconi. Я был в отчаянии, и он знал это, я был готов продать их за любую цену, которую он заплатит, даже несмотря на то, что акции торговались на уровне 4 доллара. После IPO (публичное размещение акций) Томас предложил мне 40 000 долларов за 100 000 акций, и, не имея другого выхода, я продал ему один из своих сертификатов в десять раз дешевле, чем рыночная цена на тот момент.

С помощью Томаса я работал с парой крупных клиентов, все из Молдовы, включая другую винную компанию, сельскохозяйственную компанию и нефтяную компанию. Я провел должную проверку, собрав и организовав все материалы для аудита этих компаний, но я был в постоянном страхе, что у меня на руках может оказаться еще одна Asconi. Если бы сделки сорвались по вине Томаса Тедроу, я бы никак не смог вернуться в Молдову, прогорев на двух компаниях от рук одного и того же человека. Если по первой компании еще можно сослаться на неопытность и ошибку, то при повторе это уже входило в закономерность, и как обычно в аккомпанементе с репутацией, от который очень трудно избавиться.

В течение всего этого времени я все еще находил время для того, чтобы заниматься спортом, играть в футбол, получил черный пояс и 2й Дан по тхэквондо и обновил свои навыки дзюдо, но в тоже время я стал неконтролируемо набирать вес, что было необычным. Моя кожа также начала высыхать на руках, и я не знал, что могло вызвать все эти внезапные проблемы со здоровьем. Вскоре я узнал, что стресс от судебного процесса, потери денег, которых у меня никогда не было, а также работы на Томаса были настолько сильными, что разрушили мою щитовидную железу. Мне и по сей день приходится принимать таблетки для щитовидной железы, так что вред был нанесен безвозвратно.

У Вадима я многому научился в плане уверенности, когда меня бросали на глубину и заставляли выплывать после сделки с Asconi, а с Томасом я учился бизнесу, как совершенству передней подножке в дзю-до. Я заметил, что у Тома было абсолютное разделение между личной жизнью и бизнесом. Думаю, я принял это близко к сердцу; я сделал все возможное, чтобы отгородить Жасмин от большей части сделки с Asconi и деталей судебного иска, поскольку я не хотел порочить то единственное место, где я был свободен от стресса – дом. Я знал, что мне нужно найти выход из этой ситуации, но я не знал, какие у меня были варианты.

У Томаса работал молодой человек примерно моего возраста по имени Джейкоб, который был очень близок к Томасу, но невероятно добр ко мне. Я был удивлен, что Джейкоб хотел работать со всеми моими сделками и вести со мной дела, не ставя Тома в известность, что работало на меня. Он дал мне важную информацию о моей продаже сертификата Томасу, которая была для меня моментом отчаяния, но оказывается стала отличной сделкой для Томаса. Джейкоб сказал мне, что в то время, как я продал Томасу свои акции по 40 центов за акцию,

Томас смог развернуться и продать мои акции примерно по 90 центов за акцию.

Я вполне ожидал такого поступка от Томаса, но даже несмотря на это, меня это возмутило до глубины души. Томас был достаточно мил в повседневной жизни, но это разграничение личных вопросов и работы позволяло ему яростно вести бизнес: если он мог взять 100% от сделки, он брал 100% от сделки. Он не стеснялся этого, и я знал, что если я хочу выбраться из этой ситуации, то мне потребуется немало хитрости, чтобы сравняться с ним. Я играл в самую сложную шахматную партию в своей жизни, и единственным способом выиграть - было жульничество.

К счастью, у меня появился важный союзник - Томас доверял Джейкобу настолько безоговорочно, что Джейкоб имел доступ ко всем компьютерным паролям и электронной почте Томаса. Джейкоб поделился со мной большим количеством информации, особенно письмами, касающимися судебного процесса и дальнейших действий Томаса. Я играл с огнем, но, будучи прижатым спиной к стене, я знал, что у меня нет другого выбора, если я хочу освободиться от влияния Томаса. Томас держал меня рядом все это время, но я знал, что он выбросит меня на обочину, если это позволит ему выйти невредимым из судебного процесса. Мне невероятно повезло, что у меня был доступ к его электронной почте, но тогда это меня не особо радовало, и сейчас это меня не радует, то, до чего я должен был опуститься. Я все еще несу эту вину, но я не жалею о том, что смог защитить себя и свою семью.

Я считаю работу за спиной Томаса Тедроу с помощью Джейкоба, имеющего доступ к его электронной почте, крайне низким поступком, но в то время это было просто необходимо. Я восстанавливался после предательства Вадима, находясь под контролем Томаса, и без союзников, поддерживающих меня в этом противостоянии, какой у меня был выбор?

Это была осень 2002 года, и время было на исходе, поскольку я вдруг почувствовал, что мои дни в офисе Тедроу сочтены. Во-первых, мне нужно было, чтобы Asconi полностью вывел меня из-под судебного процесса. Я обратился к адвокату, которую Томас первоначально нанял для меня, и сказал ей, что между мной и адвокатами Asconi существует большой конфликт интересов. Я не только представил их и рассказал все подробности дела, но и заплатил им предоплату в размере 15 000 долларов. Учитывая, что на оплату услуг адвокатов ушло почти 400 000 долларов, Asconi не могли так просто перейти к другому адвокату. Если бы они смогли найти нового адвоката, им пришлось бы потратить не менее 25 000 долларов, чтобы довести дело до ума. Одним этим движением я знал, что привлек их внимание.

Судебный процесс затягивался, и конца ему не предвиделось, но мой бывший муж моей сестры предпринимал собственные шаги. На Рождество 2002 года он вышел на контакт с командой Asconi и смог организовать для меня встречу с Константином и Анатолием. Я приехал в Молдову в январе 2003 года и изложил весь свой план, который вынашивал до этого момента.

Я дал обещание Asconi: я прекращу судебный процесс, чтобы остановить судебные издержки и уладить все дела, но они должны были позволить мне реструктурировать их компанию и вывести их на крупный рынок. Я попросил карт-бланш в своих действиях, и я его получил. Я думаю, что на этом этапе судебного процесса мой план казался им светом в конце тоннеля, поэтому они решились на такой шаг и доверились мне.

Следующей ступенькой должно было стать урегулирование со всеми остальными судебного иска, здесь я придерживался стратегической тактики, поскольку у меня был доступ к электронной переписке Томаса с адвокатами. Я позволил всем сторонам процесса потратить достаточно денег на адвокатов за последний год, хотя знал, что, так как все застопорилось, они не захотят затягивать дело дольше, чем нужно.

Поочередно я вывел всех из судебного процесса, каждый заплатил около 100 000 долларов, а Вадим вернул все свои акции, кроме 10 000 (которые стали 1 000 после обратного дробления 1:10), но напоследок я приберег Томаса Тедроу. Когда я подошел к Томасу, я сказал ему, что все остальные уже заключили мировое соглашение, и сейчас только мы против него. В итоге Томас заплатил около 250 000 долларов в виде акций и наличных, то есть больше всех из тех, кто участвовал в судебном процессе.

После двух лет работы под руководством Томаса я стал наконец свободным, и теперь у меня была возможность реструктурировать Asconi и вывести ее на самый большой и престижный финансовый рынок; для меня открывался весь мир.

Каким-то образом судебный процесс не помешал моему заявлению на получение грин-карты, которое Томас мог легко затормозить, хотя документы уже и были в процессе. Отсутствие необходимости постоянно добиваться продления визы впоследствии значительно облегчило мою жизнь.

Через несколько месяцев мы с Томасом смогли зарыть топор войны.

Мы разместили офис Asconi в Winter Park, штат Флорида, недалеко от офиса Томаса, и он приехал навестить меня и поговорить. Мы поняли, что шахматная партия, в которую мы играли, преследуя друг друга, закончилась. В итоге я заключил с ним еще одну сделку, но уже я был в качестве посредника, который держал деньги и выплачивал все в соответствии с условиями. Ему нельзя было доверять, и, если бы вы попросили меня заключить с ним сделку сейчас, я бы, скорее всего, не стал этого делать. Том - один из самых опасных противников, против которых мне когда-либо приходилось играть. Также я после процесса отдалился от Джейкоба, я вежливо отказывал в любой его инициативе работать вместе. Логика моя была проста: манера лёгкости в его предательстве Тома, человека, на которого он работал больше пяти лет, и который полностью ему д о в е р я л , представляла Джейкоба опасным, безжалостным и беспринципным циником, с которым вести какой-либо бизнес было бы очень небезопасно.

Передо мной открывалась прекрасная возможность вывести Asconi на рынок, как я и обещал хозяевам Аскони и себе. Я рассказал Константину сон, который приснился мне в разгар судебного процесса; это был яркий сон о том, как я застрял в темном подвале, рыская в поисках ключа, чтобы открыть дверь и сбежать. В конце сна я потянулся в карман и понял, что ключ все это время был у меня. Точно также, как влияние Вадима на меня придало мне мужества смело браться за сделки, мое знакомство с Томасом Тедроу стало напоминанием о том, что во мне есть сила противостоять любым невзгодам.

Я был готов заключить свою самую крупную сделку, но даже не представлял, какая борьба меня ожидает впереди.

6

ВЫВОД ASCONI НА АМЕРИКАНСКУЮ ФОНДОВУЮ БИРЖУ

Для того чтобы преодолеть судебный иск от Asconi, потребовалось невероятное количество энергии, но, заслужив доверие компании, я был готов выполнить свое обещание о ее реструктуризации с последующим финансированием. Asconi потратила много денег на адвокатов, и, хотя акции компании полностью обесценились с тех пор, как они начали судебный процесс, я, как директор компании, был полон решимости вывести их на Американскую фондовую биржу.

Когда в январе 2003 года я рассказал Константину и Анатолию о своем плане, думаю, они скептически отнеслись к тому, как я собирался на самом деле возродить Asconi. Я начал с обратного дробления акций и разделил размещенные акции, включая акции семьи Asconi на бирже, на десять, чтобы в итоге поднять цену акций с 40-а центов до 4-х долларов за акцию, проходная ступень на American Stock Exchange была минимум 3 доллара за акцию, не беря во внимание количество не аффилированных акций. В собственности моей семьи оказалось 300 000 акций, еще 100 000 акций были выданы мне как сотруднику Asconi, а Константину и Анатолию было выдано по пять миллионов акций.

После консолидации акций началась настоящая работа: связи с общественностью, связи с инвесторами, урегулирование судебного иска и подача заявки в AMEX. Это была работа, которой я гордился, зная, что возглавляю усилия, направленные на эффективное спасение и продвижение этой молдавской винной компании к рубежам до недавнего времени абсолютно неимоверным. Во время подачи заявки на Американскую фондовую биржу мы получили заключение от юриста Asconi Джефри Бансена, того самого юриста, которого я привел в Asconi в 2001 году и который сыграл важную роль в инициации судебного процесса против меня и других участников сделки, - что акции, выпущенные для Константина и Анатолия, должны рассматриваться как акции учредителей, что, в двух словах, означало отсутствие финансовых потерь в балансовом отчете при выпуске 10 миллионов акций двум партнерам Asconi.

На момент выпуска акции стоили 4 доллара, так что это означало бы расходы в размере 40 миллионов

Первый звонок в колокол открытия торгов на Американской фондовой биржи от имени компании Asconi.

долларов в отчете о прибылях и убытках. Аналитик из AMEX согласился с заключением наших независимых аудиторов, на тот момент компанией Michelson and Co, которые в свою очередь полностью опирались на мнение юриста Бансена. Через три месяца после начала процесса размещения мы прошли квалификацию по всем стандартам AMEX, включая фундаментальные показатели, цену акций и акционеров. Чтобы пройти квалификацию, нам нужно было накануне закрыться на отметке 4,75 долларов (отметка 4,75 была определена аналитиком биржи из расчета акций в свободном обращении, которые не принадлежали инсайдерам), и мы именно так и поступили. 4 ноября 2003 года прозвучал первый звонок в колокол открытия торгов на Американской фондовой бирже, и я смог представить молдавскую винную компанию, первую молдавскую компанию на крупнейшем финансовом рынке в мире.

Мы смогли добиться всего этого, не привлекая никаких средств, что было само по себе весьма удивительно. После того как мы прошли квалификационный отбор, мы привлекли около 2 миллионов долларов в ходе частного размещения и наблюдали, как цена акций взлетела до небес. Я был на вершине мира, наблюдая, как акции торгуются по 11 долларов на огромных объемах каждый день; все, что я обещал Asconi, сбывалось, и я осчастливил всех в компании. Но это ощущение длилось недолго.

Через четыре месяца после выхода на биржу, когда акции торговались на максимуме, мы получили запрос от SEC (комиссия по ценным бумагам и биржам) по поводу обращения с акциями. Я собрал всех в компании и дал понять, что процесс дополнительного аудита очень серьезен и будет стоить дорого. Мы шаг за шагом прошли весь процесс с помощью высококвалифицированных консультантов, один из которых в прошлом работал в правоохранительных органах SEC. Нам не потребовалось много времени, чтобы прийти к выводу, что Джери Бансен из Greenberg and Traurig не имел права давать заключение по акциям учредителей, а бухгалтеры и аудиторы не имели права полагаться на его заключение.

Мы стояли с акцией стоимостью 8 долларов на AMEX, и вдруг нам понадобилось пересчитать финансовые показатели за весь год и решить вопрос о выпуске 10 миллионов акций для двух директоров компании. Хотя я знал, что мы честно выполнили свою работу, я не мог не нервничать. Я приложил столько усилий, чтобы сделать Asconi респектабельной, и все же одна проблема за другой стучались в дверь.

В итоге, после оплаты консультационных услуг

в размере 200 000 долларов и трех месяцев заморозки на AMEX (потому что весной 2004 года мы подали 8-K (процесс официального информирования рынка) о том, чтобы инвесторы и акционеры не полагались на финансовую отчетность), летом мы представили пересчитанную финансовую отчетность. После заморозки акций на нас сразу же посыпались коллективные иски, но все иски были добровольно быстро прекращены после того, как отчетность стала полностью официальной.

После того как мы представили пересмотренные финансовые показатели, нам позвонили с Американской фондовой биржи, и мы приготовились к худшему, но оказалось, что наши консультанты проделали настолько хорошую работу по пересчету, что он соответствовал стандартам самых успешных компаний “голубых фишек”. Они сразу же открыли торги акциями Аскони, и мы вернулись на AMEX под символом ACD. Вскоре после этого компания получила от SEC предписание урегулировать вопрос штрафом в размере 50 000 долларов США. Никто из директоров не был признан виновным, но независимые аудиторы и главный бухгалтер компании в то время получили от SEC уведомления о нарушениях и уведомление об иске против них. Для меня это была большая победа, но для Константина Житару и Анатолия

Сырбу это был обычный бизнес - ничего особенного, я не думаю, что тогда они отдавали себе отчёт, на какой высокой ступени финансовой структуры они находились, думаю, что даже сейчас они все ещё не понимают огромную силу американской акционерной компании, размещённой на AMEX, NYSE или NASDAQ. Все это было бы смешно, если бы не было так грустно…

После коллективных исков и трехмесячного отсутствия на бирже акции торговались на уровне 3-х долларов, и у нас уже не было прежних означало нанять PR-специалиста и обратиться к брокерам. Я говорил с Константином, генеральным директором, о том, что они с Анатолием находятся в Молдове; они не говорили на английском языке, и я представлял их и компанию на всех этих встречах. Они назвали меня главным операционным директором и управляющим (что на деле не соответствовало действительности), и я сказал им, что представителем должен быть кто-то в должности президента или финансового директора, или чтобы в совет директоров вошло больше специалистов, поскольку мы теперь серьезная компания, торгующая на AMEX. Константин сказал мне: “Если ты хочешь быть президентом, у меня есть для тебя предложение, Серёжик. Как насчет того, чтобы создать свою собственную компанию, и ты станешь президентом".

Он называл меня Серёжкой либо с любовью, либо с сарказмом, в зависимости от контекста разговора. Его слова ужалили меня, тем не менее я принял их к сведению.

На этом этапе отношений с Asconi я начал испытывать определенное разочарование, особенно после того, как погасил так много их пожаров уже не мной созданных. Когда мы первоначально подали заявку на AMEX, ежегодный взнос составил 15 000 долларов, которые я заплатил из своего кармана, а Asconi обещала вернуть мне деньги. В итоге они так и не вернули мне деньги, и, по их мнению, почему-то , я был виноват в расследовании SEC. Вдобавок ко всему в течение первого года работы мне не платили зарплату, я особо не нуждался в деньгах, но для меня это было делом принципа.

Эта неэффективность управления Asconi проявлялась даже в том, как работал офис. Однажды телефонные линии просто перестали работать, и я не мог понять, почему это произошло. После того как я обратился к главному бухгалтеру Алексу, он сказал мне, что он просто не оплачивает счета за телефон, которые раньше оплачивал я. Я сказал ему: "Я живу в этой стране много лет, я всегда оплачивал свои счета".

Он ответил: "Ну, ты просто никогда не пробовал не

платить".

Было очевидно, что они работают в соответствии с российским / молдавским менталитетом: чем больше ты должен, тем большую ценность ты представляешь.

Во время работы с Asconi у меня были и другие мечты, включая создание собственной семьи с Жасмин. Рождение детей оказалось для нас невероятно трудной задачей, и мы делали все возможное для этого. Когда Жасмин впервые забеременела, я был в восторге, но первым моим побуждением было оставить это между мной и Жасмин. В конце концов я не выдержал, и рассказал радостную новость своей семье и друзьям.

Примерно на пятой неделе беременности мне приснился невероятно ясный сон: перед домом моей бабушки в Молдове стояла процессия мужчин в черных костюмах. Меня провели по коридору из людей в дом, где я обнаружил младенца, лежащего на столе. Я проснулся, испугался, произнес имя " Даниел" и сам удивился этому восклицанию. Мы с Жасмин не знали, кто родится - мальчик или девочка, но я думал, в случае если будет мальчик, что нашего ребенка будут звать Даниель. Вскоре после этого у Жасмин случился выкидыш, и мы потеряли Даниеля, что оставило нас обоих опустошенными и неуверенными в том, как будет выглядеть наша будущая семья. Я делал все возможное, чтобы поддержать Жасмин, и занятость работой была для меня неплохим отвлечением.

Расследование SEC закончилось, и наем PR-компании для восстановления акций и завоевания доверия инвесторов был моим приоритетом. Для того, чтобы мы могли продолжить работу, необходимо было заплатить за первые три месяца PR-специалисту, но Asconi сказал мне, что я должен буду заплатить ему из своего кармана. Константин и Анатолий сказали, что если им понравится работа и акции преодолеют ступень в 5 долларов, то они вернут мне деньги; в противном случае это будут мои убытки.

Поскольку акции торговались по цене около 3,75 долларов, я чувствовал, что у меня не было выбора, но я верил, что акции легко вернутся к 5 долларам, учитывая, что до заморозки акций они находились в диапазоне от 8 до 10 долларов. Поскольку продажи росли, а рынок был на подъеме, я отправился на презентации для инвесторов, и люди быстро ухватились за возможность купить акции. Акции быстро достигли уровня 5 долларов, однако затем я заметил, что происходит нечто странное.

Большое количество акций продавалось на уровне 5 долларов; рынок был на подъеме, и я знал, что никто не выиграет от продажи на этом уровне, если только не получит акции бесплатно или практически бесплатно. Я знал, что единственными, кто действительно может выиграть, были я или учредители, поэтому я позвонил им и попросил выполнить свою часть сделки, которую они заключили ранее. Я хотел, чтобы Asconi выплатила мне все, что причитается за мою PR-работу, но их краткий ответ заключался в том, что акции не поднимаются выше 5 долларов постоянно, так как они все время падали до 4,75 долларов после того, как каждый день преодолевали 5 долларов. После звонка я был полон сомнений, но мне хотелось верить в человеческую порядочность и в то, что у меня есть хоть какой-то контроль над ситуацией.

Я знал, что Константин и Анатолий не могли продавать акции, иначе они были обязаны в течении 4 дней проинформировать рынок через подачу в SEC (комиссия по ценным бумагам и биржам) формы N4, в результате оставался единственный человек, который, как я полагал, мог этим заниматься: мой бывший свояк. Я знал, что у него был оффшорный счет на имя Brysdel Company, потому что он использовал мой домашний адрес в качестве почтового адреса для этого счета, и я даже получал бумажные ордера на продажу акций. Я подозревал, что он был “прикрытием” для Константина и Анатолия, и я хранил заявки на продажу на случай, если мне придется говорить с SEC. В один день я получил целую стопку подтверждений продаж, и мои сомнения были полностью подтверждены. По моим оценкам, через оффшорную компанию они продали акций на сумму около 500 000 долларов. По сей день у меня хранятся все эти подтверждения.

Я хотел противостоять Константину и Анатолию, вызвать наших адвокатов и привлечь их к ответственности заявкой в SEC (комиссией по ценным бумагам и биржам), но я был беспомощен. Мой свояк стал бы их покрывать, тем более к тому времени моя сестра уже сообщила ему, что хочет развестись. Кроме того, партнеры Asconi были властными и довольно агрессивными личностями. Разочарованный и не представляющий себе что делать дальше, я вынужден был на некоторое время отлучиться от этого нескончаемого е казалось бы безвыходного стресса.

Весной 2005 года я взял Жасмин на Ямайку на неделю, но, если честно, по ощущениям это было похоже на три месяца. Я очистил свой разум и почувствовал в душе такой мир, напоминающий о днях, проведенных в деревне моих бабушки и дедушки, что наконец я принял решение.

Как только я вернулся в офис, я сразу же подал в отставку.

В день, когда Asconi вышла на рынок с заявлением об увольнении главного операционного директора и управляющего Сергея Мельника, акции компании упали примерно на 50%, и в течение шести месяцев после моей отставки Asconi Inc. была исключена из списка Американской фондовой биржи. Ироничной была причина исключения из AMEX, Аскони не заплатили по счетам, ежегодный взнос AMEX в размере 15 000 долларов.

Октябрь 2005 года, из моего приключения на Галапагосах. Это был момент размышлений после того, как я ушел из Asconi Corporation. Я был новичком в дайвинге, только что получив лицензию в пресных водах Центральной Флориды. Мое первое погружение в соленой воде было на острове Wolf на Галапагосском архипелаге, и это было тяжело для новичка, с сильными течениями в холодной воде, но не такими сильными, как на следующем дайв-сайте, где мы остановились на 3 дня, на острове Дарвин.

В определенный момент я понял, что мне придется уйти из Asconi, поэтому примерно в 2004 году я открыл свой собственный консалтинговый бизнес Wolf Blitz Inc. Работа в Asconi не повредила моей репутации, однако, если бы внутренние дела компании стали достоянием общественности, это могла бы быть совсем другая история. Вместо этого у меня была возможность поработать с целым рядом компаний, сделав их публичными: эквадорской строительной компанией, российской строительной компанией, молдавским сельскохозяйственным конгломератом и даже молдавской медиакомпанией.

В 2016 году открылась вакансия главы Центрального банка Молдовы, и я подал заявку, зная, что, скорее всего, не получу ее, но я видел возможность для продвижения. Спустя более 13 лет после того, как я позвонил в колокол открытия торгов на Американской бирже, никто, кроме нескольких человек в Молдове, не знали, что молдавская компания была зарегистрирована на Уолл-стрит. Я не знал, кто победит в конкурсе, но я точно знал, кто не победит - Я, и все равно вступил в борьбу.

Мой план по привлечению внимания сработал: я был во всех новостях и событиях, наконец-то в Молдавии узнали мое имя, как первого успешно выведшего Молдавские компании на Уолт Стрит, но я знал, что кое-чего не хватает. Должно быть я близко к сердцу принял слова Константина о “создании собственного бизнеса”, и несмотря на несколько очень успешных сделок с моей консалтинговой компанией, мне хотелось большего.

К счастью, вскоре я обрел друга и создал компанию, в которую искренне верю.

7

ГАРЕТ И NUTRIBAND

Моя консалтинговая компания Wolf Blitz Inc. стала моим основным направлением после Asconi. После всех предательств, которые я пережил за эти годы, я хотел иметь возможность тщательно выбирать тех, с кем я работаю. В компаниях, которые я выводил на биржу, я не был готов занять какие-либо должности в совете директоров, в основном потому, что не полностью доверял компаниям-клиентам и их представителям. В остальном я был сосредоточен на создании своей семьи. Это было очень напряженное время, ведь для нас с Жасмин это был непростой период.

Мы обратились к экстракорпоральному оплодотворению (ЭКО), все еще опечаленные потерей первого ребенка, но надеясь на возможность создания семьи. После того как одна из яйцеклеток оказалась неудачной, у нас осталось три яйцеклетки, но внезапно, в период паузы от ЭКО, Жасмин забеременела двойней, двумя мальчиками. Мальчики должны были родиться в 2008 году, и я был счастлив как никогда, радуясь перспективе стать отцом мальчиков-близнецов. После примерно пяти месяцев беременности наступило 8 марта, Международный женский день, и мы как раз собирались идти на ужин, когда у Жасмин отошли воды; я ни в самом кошмарном сне не мог предвидеть, что с нами произойдет что-то настолько страшное и ужасное.

В больнице врачи и медсестры в течение нескольких часов не давали нам никакой информации, пока наконец не стало ясно, что Жасмин родит, но дети не выживут. Одним из моих самых больших страхов было то, что дети умрут некрещеными, поэтому после консультации со священником я узнал, что могу крестить их как их отец, священник мне подсказал простую молитву для этого. Мы с Жасмин потеряли обоих наших сыновей, и на нас обрушилась самая мучительная боль, которую мы когда-либо испытывали. Я был подавлен и хотел умереть, так как для меня был потерян всякий смысл жизни, но мы с Жасмин нашли в себе силы жить дальше.

В конце концов мы собрались с силами, чтобы снова попытаться завести детей, и теперь у нас есть сын и дочь. Этот путь, к родительскому счастью, был тяжелым, но теперь я могу наблюдать, как мои дети растут так, как я всегда мечтал. Я вижу, как мой сын занимается спортом с невероятным мастерством, а моя дочь обладает одним из святейших умов; наблюдать за тем, как они растут – бесценно.

«Жасмин». Моя тёща написала эту картину в 2009 году. Мы потеряли наших близнецов в марте 2008 года. Мать Жасмин никогда не объясняла детали на картине; она чувствовала, что это была хорошая идея, так нарисовать Жасмин. Присмотревшись, я вижу силуэты близнецов, уходящих от нее.

Я не ожидал, что меня так сильно затянет в мир бизнеса.

Возможность появилась неожиданно: у меня была прекрасная дружба с партнерами из PR-компании, которую мы наняли для Asconi ещё в далёком 2004-ом году. Одна из них, Диана Лясковец, пригласила меня в Лас-Вегас на День благодарения в 2015 году.

День благодарения - единственный праздник в Соединенных Штатах, который я не до конца понимаю; я люблю Рождество и собираться всей семьей вместе, но День Благодарения будет и дальше смущать меня. В том году мы должны были поехать к сестре Жасмин, но мне пришлось занять твердую позицию и заявить, что я не поеду. На самом деле я планировал заняться дайвингом в Канкуне, но никто из моих друзей не был готов присоединиться ко мне в то время, пока Дина не пригласила меня в Лас- Вегас, чтобы поговорить с очень интересным молодым человеком, у которого была уже созданная компания, и которому нужна была помощь в ее развитии.

Я решил поехать в Вегас, зная, что не хочу быть слишком втянутым в бизнес этого молодого человека и ограничу свои отношения исключительно консультацией. Прибыв в Лас-Вегас, я отправился в отель Luxor, чтобы встретиться с Диной и подготовиться к встрече с Гаретом Шериданом на следующее утро.

Когда я впервые увидел Гарета, это было в очереди

на завтрак в ресторане Luxor, первое, что меня поразило, был его рост - молодой человек ростом выше двух метров, он возвышался над всеми остальными.

Сначала он был довольно застенчив, но потом смог рассказать мне о своей компании Nutriband с большей конкретикой. Nutriband производил системы трансдермальной доставки витаминов в виде пластырей для доставки доз с контролируемой скоростью, аналогично никотиновым пластырям, но с гораздо большим количеством применений.

Гарет успешно разработал идею Nutriband во время защиты дипломной в Дублинском технологическом институте, и в последующие годы успешно продавал пластыри с витаминными добавками в Ирландии.
Гарет был настолько успешен, что продал Nutriband американской компании за приличное количество акций, но цифры не складывались для него. Он должен был получить не менее 20% от этой американской компании, но в действительности он получил менее одного процента. Вдобавок к тому, что его акции были размыты, его пластыри, продукт Nutriband, были положены компанией на полку, чтобы они могли придержать технологию.

Я не мог не увидеть в Гарете себя молодого, пытающегося сориентироваться в этом мире бизнеса, с небольшим опытом и нечестными людьми, пытающимися использовать его в своих интересах. Учитывая все мои кошмарные ситуации с Тедроу и иском Asconi, когда мне было уже за тридцать, я знал, что его ждет опасная дорога. Я дал понять Гарету, что буду выступать в качестве консультанта, и вместе мы напишем письмо генеральному директору компании, которая приобрела Nutriband. Целью письма было требование расторжения контракта. Я составил письмо, используя как можно более серьезные юридические термины, чтобы дать понять генеральному директору, что мы настроены по-деловому. К нашему удивлению, генеральный директор той компании согласился расторгнуть сделку немедленно, и настало время приступить к работе.

Мы создали Nutriband USA как корпорацию в Неваде, и вначале у меня был небольшой процент в компании, потому что я был просто консультантом в сделке. Мы с Гаретом пришли к выводу, что нам нужно привлечь больше денег и получить крупные инвестиции, поэтому я обратился к своему другу по юридическому факультету Виталию Ботгросу, у которого была своя компания по обслуживанию чартерных самолетов. Мы заключили сделку, по которой Гарет отдал пять миллионов своих акций в управление казначейству, так что половина компании принадлежала Гарету, а другая половина была поделена между мной и моим другом. Если бы я был Томасом Тедроу, Гарет получил бы только 5%, но я не Томас.

Я знал, что Гарет был творческой движущей силой всего, что делал Nutriband, и именно его воображение принесет компании настоящий успех. Это само по себе требовало, чтобы он владел наибольшей долей в компании.

Первый совет директоров Nutriband: Виталий Ботгрос (справа), Гарет Шеридан (в центре) и я (слева). Вместе мы представляем собой три составляющие, благодаря которым Nutriband появился на свет.

Мы сделали компанию официальной 4 января 2016 года, а через несколько месяцев подали заявку по форме 10 в Комиссию по ценным бумагам и биржам США, чтобы сделать ее публичной. Мы даже начали рассматривать возможность приобретения компании Advanced Health для приобретения ее интеллектуальной собственности, и в ходе переговоров нас связали с их юристом, имеющим опыт работы с FDA (Государственный Орган по лекарствам и пищей). Юрист Advanced Health был готов помочь нам и предоставил очень обширное и подробное заключение о том, что нам не нужно одобрение FDA в США. У нас также был ряд врачей и дерматолог, которые консультировали нас по продукту Nutriband, и все сошлись во мнении, что эти пластыри можно назвать витаминными пластырями и они попадают под категорию добавок.

Как только мы начали составлять свои собственные финансовые отчеты, мы получили приглашение на собеседование в SEC, что меня несколько обеспокоило, особенно учитывая мой опыт общения с SEC со времен работы в Asconi. Нас не вызывали через повестку, и это было неофициальное интервью, но я не понимал, зачем им понадобилось с нами разговаривать. У нас не было акций в свободном обращении, и нам еще нужно было пройти через FINRA, чтобы получить торговый знак. До первых торгов акциями оставалось не менее шести-двенадцати месяцев, но единственное, что меня беспокоило, это раскрытие информации FDA.

Успокоив себя письменным заключением юрисконсульта Advanced Health, представленным нам адвокатом FDA, я отправился на собеседование в Майами без адвоката; я чувствовал себя вполне комфортно в отношении позиции компании.

Интервьюеров было двое: американский парень, который был довольно приветлив, и француз или бельгиец, который говорил на английском с тяжелым акцентом и который не боялся повышать на меня голос. Они оба сразу же начали давить на меня, в частности, хотели получить информацию о Гарете и любых возможных правонарушениях, но всё, что я мог сказать о Гарете, было положительным. Они спросили меня, сколько денег у нас было на счете компании, и я точно вспомнил, сколько было на счете: 40 долларов. Примерно через три или четыре часа французский/бельгийский интервьюер повысил на меня голос, и вскоре между нами начался разговор на повышенных тонах. Поскольку это было неофициальное интервью, и у меня не было с собой адвоката, я в конце концов ушел, но я знал, что Гарет будет следующим.

Мы предоставили Гарету адвоката для интервью, и в тот момент мы все еще не знали, за чем охотится SEC, и чего они от нас хотят. После того как интервью Гарета не выявило никаких намеренных нарушений, они перевели наши неофициальные интервью в официальное расследование. Они обратились к юристу, которая первой дала нам заключение, что нам не нужно одобрение FDA от Advanced Health, компании, которую мы приобрели (или так мы думали) за пять миллионов акций Nutriband, и она сразу же попыталась бросить нас под откос.

Во-первых, она солгала и сначала сказала, что никогда не давала нам заключения, но, конечно, мы распечатали копии ее электронных писем.

Затем она сказала SEC, что неправильно поняла, для чего

нужно заключение, но и это было ложью. Мы предоставили SEC все наши документы, потому что знали, что были правы, но это все равно не имело значения. Мы с трудом справлялись с глыбой проблем, которая снизошла на нас.

Оглядываясь назад, я чувствую легкий стыд за то, как самоуверенно я вел себя во время того первого собеседования. Если бы я только мог знать, что мнение FDA, на которое я опирался, было плохим, неточным мнением, на которое нельзя было полагаться.

Примерно в июне 2017 года все шло наперекосяк с расследованием SEC, FINRA (Госорган, регулирующий финансовые рынки) медленно отвечала на комментарии; казалось, что конца-краю не видно, когда мы сможем получить сертификат и символ, разрешающий свободное обращение акций. Я сделал то, что всегда делаю в таких ситуациях: помолился и обратился к высшим силам.

Я позвонил Гарету и сказал ему: "Партнер, мы забрели в тупик. Просвета не видно. Если в ближайшее время мы не сможем получить символ, позволяющий свободное обращение наших акций, NTRB, я не знаю, сможем ли мы выжить". Я изложил свою "Аве Марию": мы оба отдадим 100 000 акций нашим церквям. Я - православный христианин, а Гарет - ирландский католик. На следующий день после того, как я рассказал о моем обещании Гарету, мы получили уведомление от нашего спонсора - маркет-мейкера: FINRA одобрила нашу заявку и присвоила нам торговый символ NTRB! Мы еще даже не звонили трансферному-агенту, но наша молитва была услышана. Мы перечислили акции, как и планировали, и были готовы к тому, что последует дальше.

В 2018 году наш адвокат сообщил нам, что SEC готовится отправить нам уведомление Wells Notice, что означает, что они готовятся подать на нас гражданский иск, и это происходило в самое неподходящее время.

Акции только начинали расти и торговались на уровне около 9 долларов. Мы также собирались провести первое крупное собрание акционеров для выбора нового совета директоров, когда узнали, что участники сделки Advanced Health совершили мошенничество. Пока мы готовили иск против тех, кто был вовлечен в Advanced Health, SEC пришла к нам с предложением об урегулировании проблемы: Гарет и я должны были выплатить по 75 000 долларов и выйти из состава совета директоров, фактически уничтожая компанию и установив запрет на наше вхождение когда-либо в совет директоров какой-либо компании.

Я встретился с Гаретом и сказал ему, что мы должны быть на одной волне. Если мы согласимся на мировое соглашение, мы больше никогда не сможем работать в этом бизнесе, и нам придется искать работу на автомойке. Мы знали, что должны бороться, и даже был хороший шанс, что мы выиграем; когда они первоначально провели с нами собеседование, у нас на счету было всего 40 долларов, а теперь более 1 миллиона. Мы сразу же приступили к работе.

Мы с Гаретом начали с обращения в крупную юридическую фирму, занимающуюся вопросами FDA, и потратили 7000 долларов, чтобы получить правильное заключение о продукте Nutriband в отношении FDA.
Там нам объяснили, что нам нужно получить одобрение FDA, а заключение, которое мы ранее получили, было неверным.

В ходе расследования SEC сообщила нам, что у них есть заключение FDA, поэтому они и решились отправить нам уведомление Wells Notice, но нам так и не предъявили доказательств этого заключения. Скорее всего, это связано с тем, что FDA напрямую не выдает заключений, по крайней мере, так нас проинформировали, и мы поняли, что SEC, возможно, блефует и даже не имеет заключения. Но это ничего не меняло, в конце концов нам все равно нужно было получить одобрение FDA на витаминные пластыри, на что могли уйти миллионы долларов и многие годы испытаний FDA.

После консультации с юристами FDA мы обратились к Джо Деверу, юристу в Cozen O'Connor в Нью-Йорке, который имел опыт работы в качестве бывшего юриста в отделе по борьбе с финансовым мошенничеством в SEC (комиссия по ценным бумагам). Ознакомившись с нашим делом, он дал нам понять, что у нас есть хорошее юридическое обоснование, и обратился в SEC, написав очень подробное письмо с объяснением нашей позиции, аргументацией и основанием для подачи документов, намекая, что мы готовы дать отпор. Мы ответили на уведомление Wells, и после этого SEC сделала шаг назад. Угрозы мошенничества и запрета на членство в совете директоров исчезли, но мы все равно получили жесткую пощечину, которая впоследствии оказалась очень болезненной.

Не признавая и не отрицая вины, мы согласились прекратить и воздержаться от совершения или причинения любых нарушений и любых будущих нарушений разделов 12(g) и 13(a) Закона о биржах и правил 12b- 20 и 13a-1, выплатив по 25 000 долларов каждый за допущенную ошибку. Мы могли продолжать работать, привлекать деньги и больше не считаться недобросовестным участником; однако это расследование будет преследовать нас, когда мы подадим заявку на участие в NASDAQ.

Компания Nutriband развивалась с большим успехом, акции торговались по 25 долларов, и был общий интерес к тому, чтобы инвестировать в нас. Мы были уверены, что выйдем на NASDAQ и продолжим успех компании. С этой уверенностью мы подали заявку в 2020 году.

Прежде чем мы получили ответ, мне приснилось, что я поднимаюсь по лестнице в обшарпанную комнату, очень похожую на общежитие юридического факультета в университете Молдовы. Внутри Гарет разговаривал по телефону с NASDAQ, и то, о чем они говорили, звучало противоречиво. Несмотря на это, я вдруг почувствовал себя безудержно счастливым и буквально зарыдал от переполнявшего меня счастья – мы вышли на NASDAQ. Проснувшись, я рассказал о своем сне Гарету и некоторым инвесторам, но уже через две недели был горько разочарован.

Нам было отказано, скорее всего потому, что в то время мы были слишком маленькой компанией. Урегулирование SEC по нашему делу выглядело не очень хорошо, и нам сказали, что нам придется уйти с поста директоров, если мы хотим, чтобы компания двигалась вперед. Мы с Гаретом нехотя согласились с этим и сказали команде NASDAQ, что мы уйдем с поста и назначим кого-то другого.

В октябре 2019 года, незадолго до начала попыток получить одобрение NASDAQ, мы по совету наших банкиров выпустили конвертируемую облигацию, чего за 20 лет работы в бизнесе я никогда никому не советовал делать. Наши банкиры, рекомендовавшие сделку, сказали нам тогда, что мы выйдем на NASDAQ через тридцать дней, и это покажет рынку, что мы смогли привлечь деньги.

Конвертируемая облигация съела весь наш капитал; но, к счастью, ни одна акция не была конвертирована, и мы оказались в долгах, которые должны были выплатить. Возможно, что банк нас шортил, так как изначально мы торговались на уровне 25 долларов, а когда NASDAQ отказал нам, то на уровне 12 долларов.

Мы с Гаретом из собственных средств оплачивали ВИП лоджию на арене AMWAY, где баскетбольная команда Orlando Magic проводит свои домашние встречи Национальной Баскетбольной Лиги, несмотря на то что в то время у нас не было много денег. После того, как мы получили уведомление от NASDAQ, мы с Гаретом решили пойти на одну из игр вдвоем (хотя на игры Magic мы могли приглашать до 24-х гостей). Мы собрались с мыслями и поняли, что все это время, более 12 месяцев, мы полагались на консультантов, посторонних компании людей. Все нас консультировали, им было легко, их консультации для них не имели последствий, но именно мы больше всего теряли в этих ситуациях, когда принятые нами решения по результату консультаций очень больно били по нам. Мы поняли, что можем либо отозвать свое заявление и увеличить наши показатели, либо бороться. Дальше все решения будут приниматься одним Советом: Гарет и Сергей.

Если бы мы приняли решение сопротивляться, то нам пришлось бы сообщить рынку через официальное обращение SEC о том, что NASDAQ отклонила нашу заявку, и подать апелляцию. Это означало бы, что весь рынок может обернуться против нас, и больше всего мы беспокоились о нашем конвертируемом долговом обязательстве и о тех, кто стоял за этими фондами.

Если бы банк узнал о том, что мы отозвали заявку, то по наиболее вероятному сценарию, они бы немедленно конвертировали весь свой кредит в акции, доведя их цену до копеечной. Если бы они занимались шортингом наших акций, то выиграли бы, а мы бы просели. Такой сценарий был неприемлем, поэтому я решил подтвердить в American Stock Transfer, что ни одна акция еще не была конвертирована из долгового обязательства.

Подтвердив, что количество акций на рынке пока осталось неизменным, мы приступили к работе над сделкой, которая должна была спасти компанию и предоставить шанс увидеть новый день.

Мы пригласили пару управляющих семейными деньгами и брокеров из небольшой компании в нашу лоджию на баскетбольный матч. Мы провели презентацию для небольшого частного инвестирования. В середине февраля 2019 года, когда мы покинули игру, я даже не помню, кто играл, у нас была успешно проведена сделка по привлечению 700 000 долларов. Как только сбор средств был завершен, мы полностью выплатили конвертируемые долговые обязательства, прежде чем они смогли быть конвертированы в акции Nutriband Inc. Мы отозвали нашу заявку из NASDAQ, и нам сказали, что мы можем снова подать заявку через 12 месяцев. Примерно через неделю после того, как мы отозвали заявку, началась пандемия COVID, и отказ NASDAQ теперь выглядел как замаскированное благословение.

Наш новый план заключался в реструктуризации бизнеса и подаче заявки на NASDAQ через год. В рамках реструктуризации и укрепления акционерного капитала и баланса мы приобрели компанию Pocono Coated Products за 6 миллионов долларов в виде акций компании и векселя на 1,5 миллиона долларов. Ровно через 12 месяцев и пару дней после отзыва нашей заявки мы снова подали заявку на NASDAQ.

Когда мы с Гаретом подавали заявку во второй раз, мы работали с тем же аналитиком с Nasdaq, что и в прошлый раз, и он был весьма впечатлен тем, как далеко мы продвинулись за год, особенно при пандемии. Когда мы подавали первую заявку в 2019 году, у нас было около 700 000 долларов в акционерном капитале и почти никаких активов. Когда мы подали следующую заявку, у нас было 7,5 млн долларов в акционерном капитале и около 10 млн долларов в активах. Объем продаж Nutriband на корейском рынке достиг примерно полумиллиона долларов, и в целом компания выглядела отлично. Мы даже наняли Donohoe Advisory Associates, консалтинговую компанию, которую возглавлял бывший главный юрисконсульт NASDAQ, чтобы обеспечить себе дополнительную помощь.

Внезапно наш аналитик, который был в курсе наших сделок с момента нашей первоначальной регистрации за год до этого, решил перейти из NASDAQ в другую компанию. Перед уходом он сказал нам, что мы находимся на последней стадии перед тем, как нас примут, но следующие несколько месяцев мы сидели в неопределенности и не получали никаких новостей. В конце концов мне позвонил Гарет, и я услышал панику в его голосе, когда он сообщил мне, что нам снова отказали. Я успокоил Гарета и сказал ему, что теперь у нас есть только один выход: мы должны драться.

Я написал импульсивное письмо нашим консультантам дела NASDAQ и объяснил, что мы собираемся подать апелляцию, заявив, что они должны объяснить, почему нам отказали и почему нам с Гаретом не разрешили войти в совет директоров. Я основывал свое мнение на том, что аналитики NASDAQ были просто перегружены количеством работы после выхода из изоляции Covid-19. В этом случае имело бы смысл пересмотреть или спешно принять решение по делу, которое уже однажды было отклонено. На нашу руку играл процесс апелляции, она также не рассматривалась бы NASDAQ; она была бы направлена двум независимым бизнесменам, поэтому NASDAQ пришлось бы объяснить им, почему нам отказали.

На этом этапе процесса я ушел с поста финансового директора в Nutriband, чтобы успокоить NASDAQ, оставшись просто директором, и понял, что хочу снова сосредоточиться на семье.

В августе 2021 года моему отцу исполнялось 75 лет, и он всегда мечтал увидеть Гранд-Каньон. Он вырос, читая об индейцах и ковбоях Дикого Запада, и я хотел осуществить эту его мечту. В прошлом мы планировали поездки, но всегда что-то мешало. Однажды я сорвал ахиллесову пяту, играя в футбол, как раз перед тем, как мы собирались ехать, и нам пришлось отменить поездку. В этот раз у нас все получилось, и я повез отца и моего племянника в Гранд-Каньон, а в полночь мы распили шампанское, чтобы отметить 75-летие моего отца.

Наша поездка закончилась в Лас-Вегасе, так что мой племянник, мой отец и я получили массу впечатлений в отеле Luxor, где мы жили. Утром 23 августа 2021 года, в день рождения моего отца, мы сидели у бассейна, когда мне позвонил Гарет: NASDAQ отменил свое решение об отказе в размещении акций на бирже. Извинившись перед папой и племянником, держа эту информацию при себе, я поднялся к себе в номер. Из окна открывался тот же вид на Лас-Вегас, что и во время первой встречи с Гаретом в день благодарения 2015 года. Я упал на колени и прорыдал в буквальном смысле слова около 10 минут подряд, как во сне, который я видел примерно 18 месяцев до этого момента.

После того как первоначальный шок и восторг покинули мое тело, я вернулся на бассейн, не говоря ни слова ни отцу, ни племяннику, подтверждая еще одно правило, которое я давно для себя вывел. Я не делюсь никакой информацией, хорошей или плохой, со своей семьей, пока она не станет достоянием общественности. Когда я подал заявление на должность председателя Центрального банка Молдовы, все, включая моих родителей, узнали об этом из официальных новостей, то же самое было и с моей сделкой с Air Moldova, то же самое и сейчас. Возможно, это связано с тем, что я крайне суеверен. Плохими новостями вы можете усилить эффект и создать ненужное давление на близких вам людей. С плохими новостями они будут волноваться, не имея возможности ничем помочь; с хорошими новостями вы можете просто сглазить. В любом случае, в тот день мы отлично отпраздновали день рождения моего отца, поужинали в шикарном ресторане, посмотрели шоу иллюзиониста Давида Копперфильда и веселились до самого утра в Казино LUXOR!

Примерно через месяц Nutriband получила официальное разрешение, и 1 октября 2021 года мы были зарегистрированы на NASDAQ. Примерно за неделю до этого мне приснился еще один вещий сон. Я шел по самому нижнему этажу, то ли по подвалу огромного небоскреба. Внутри капал дождь, и недалеко я заметил лестницу, извивающуюся вверх, переполненную очередью людей с зонтами. Посмотрев налево, я увидел Гарета, сидящего в кресле, и сказал ему: «Вставай, Партнёр, пришла наша очередь». Он встал, выпрямился в свой полный и внушительный рост, и мы вместе стали в очередь на первую ступеньку извивающейся прямо вверх лестницы. Потом это случилось наяву. Было инициировано IPO, мы привлекли около 6 миллионов долларов, и примерно через две недели меня назначили на должность президента. Это была череда настоящих испытаний, но если подумать, что двигало мной в этих трудностях, то всегда вспоминались мои отношения с Гаретом и то, насколько я верил в работу, которую мы делали.

Сражения Nutriband не завершены, но мы знаем, на каком мы стоим рубеже: что не делали бы те, кто нас пытается сломить, мы знаем, мы поступаем правильно, и мы готовы к любым испытаниям.

1 октября 2021 года IPO Nutriband было размещено на NASDAQ.
Я праздновал с семьей и друзьями.

Мы с Гаретом вместе выкурили по сигаре и выпили коньяк, отмечая включение компании Nurtriband в список. Коньяк "Суворов", 40 лет выдержки. Я купил его на свои самые первые заработанные деньги осенью 1999 года. Тогда я заработал 15 000 долларов на сделке с Вадимом Еникеевым и купил две бутылки: одну сразу же выпил с отцом, а вторую оставил для особого случая. Этот особый случай наступил 22 года спустя. Гарету было едва 10 лет, когда я купил тот коньяк...

Кубинские Сигары победы Кохиба и коньяк Суворов, купленный в 1999 году на деньги из

8

БУДУЩЕЕ NUTRIBAND, МОЕ БУДУЩЕЕ

Представляя отчет о втором квартале 2022 года, мы были примерно в двух неделях от 1 октября, нашего годового юбилея с момента начала торгов на NASDAQ. Наша денежная позиция все еще сильна, и это несмотря на то, что мы решили не допускать никаких дополнительных мер по привлечению средств, доходы во втором квартале выросли более чем на 100% по сравнению со вторым кварталом 2021 года. Мы чувствуем, что находимся на правильном пути, и партнерство с Kindeva идет так, как мы планировали. Мы прошли долгий путь с февраля 2020 года - периода перед пандемией, когда нам впервые отказали во вхождении в состав эксклюзивного клуба компаний, торгующихся на NASDAQ.

Мы наращиваем свой потенциал в решении реальных проблем и осуществлении реальных изменений. В настоящее время мы начинаем совместное предприятие с успешной фармацевтической компанией. Завод в Северной Каролине способен производить миллион пластырей всего за 24 часа. Наше основное

Моя семья пришла поддержать нас с Гаретом, когда мы праздновали нашу победу на NASDAQ.

3-го декабря 2021 года Гарет и я открыли торги на NASDAQ.

направление - создание трансдермальных пластырей с абсорбирующим действием, например, трансдермальных пластырей с фентанилом с пролонгированным действием для лечения хронической боли.

Технология пластыря может быть адаптирована практически к любому трансдермальному пластырю, представленному сегодня на рынке, без риска злоупотребления или неправильного использования. Это радикальная наука, которая может изменить жизнь миллионов людей. Идея заключается в том, чтобы установить новый стандарт безопасности для трансдермальных опиоидов, но возможности этой технологии не ограничиваются только опиоидами. В ходе нашего исследования мы отметили множество других продуктов, с помощью которых мы могли бы извлечь пользу из этой технологии, даже, например, предотвращение случайного неправильного использования у детей или риска удушья.

Несмотря на рост, который мы наблюдали до сих пор, у нас были и постоянные трудности. Наше первое приобретение - компания Advanced Health, расположенная в штате Огайо, - случилось примерно в то же время, когда нами заинтересовалась Комиссия по ценным бумагам и биржам США. Гарет увидел потенциал в их интеллектуальной собственности, и мы купили их за пять миллионов акций в мае 2017 года, что составило 25% от общего количества акций Nutriband Inc.

Advanced Health пришла со своим финансовым директором Лорой Филлман и юристом Мишель Полли-Мерфи; в конечном итоге именно Мишель дала нам заключение, которое я представил в SEC, чтобы показать им, что наши продукты не нуждаются в регистрации FDA.

На протяжении всего расследования SEC и в последующие 2017 и 2018 годы мы полностью полагались на ее мнение в наших заявлениях и спорах с SEC. К январю 2018 года мы уже вели торги, и у нас было два квартальных отчета; перед годовым отчетом аудиторы снизили нашу цену на покупку в размере с 2,5 миллионов долларов до нуля. Они посчитали, что Advanced Health ничего не стоит, что привело нас с Гаретом в замешательство. Там была пометка, указывающая на то, что цена может быть пересмотрена в будущем, но мы ещё не имели ни малейшего представления о том, что происходит, поскольку мы были на полпути к нашему первому выездному мероприятию, проводя встречи с различными банкирами.

Во время проведения выездного собрания я получил запрос на удаление ограничения с целью продать 100 000 акций от человека по имени Джон Бейкер. Я не помнил, кто это такой, поэтому позвонил Гарету, чтобы узнать больше о Джоне Бейкере, поскольку никто, кроме нас, и, возможно, некоторых членов нашей семьи и первоначальных инвесторов, не имел таких крупных позиций в компании.

Мы узнали, что он был участником соглашения с Advanced Health в Огайо, что означало, что он должен быть рассматриваться как инсайдер. Как инсайдеры, такие как Гарет и я, мы не могли продавать акции подобным образом до истечения определенного срока давности выпуска акций; мы обратились к акционерам с просьбой подписать соглашение о блокировке. Эти соглашения довольно обычные и простые в формулировке, поэтому, когда мы обратились к финансовому директору Лоре Фельдман, она сразу же согласилась – позже оказалось, что она была единственным порядочным человеком в той компании. Когда мы обратились к юристу Мишель Полли-Мерфи, она отказалась подписывать договор, а затем все остальные последовали ее примеру и тоже отказались. Мы чувствовали, что происходит что-то очень странное.

В то же время Гарет позвонил мне с новой появившейся проблемой: когда он проверил интеллектуальную собственность Advanced Health, она оказалась под именем Раймонда Калмара, одного из основных акционеров Advanced Health, компании, которую мы приобрели. Предполагалось, что интеллектуальная собственность должна была принадлежать компании Advanced Health, которой мы владели, поэтому мы предъявили претензию их юристу.

Она сказала нам, что подобная операция по переводу интеллектуальной собственности может быть проведена сразу же; однако это было не так просто, о чем я рассказал в последующем электронном письме ей и Калмару. Мы делали определенные заявления в Комиссию по ценным бумагам и биржам США и в отношении компании Advanced Health. Появление имени Рэя Калмара в качестве владельца интеллектуальной собственности спустя долгое время после того, как мы приобрели Advanced Health, было тревожным сигналом, поэтому мы наняли стороннюю юридическую фирму для расследования того, что именно произошло. Через месяц мы, наконец, получили более четкую картину происходящего: команда Advanced Health распустила компанию еще в январе 2018-го, не сообщив нам об этом. Это была большая ошибка, поскольку это попадало под строку «материальные события» и у нас было 4 дня с момента события проинформировать инвесторов через каналы Комиссии по Ценным Бумагам, мы должны были сообщить акционерам через форму 8-K в момент ликвидации. После ликвидации Advanced Раймонд Калмар перевел право собственности на свое имя, так он хотел получить выгоду от акций Nutriband и сохранить право собственности на временные патенты, ничего нам не сказав. Стало очевидным, что нас переиграли.

Мы также проверили биографию Калмара, и в результате выяснилось, что он совершил множество преступлений в трех штатах, был осужден за выписывание недействительных банковских чеков и два банкротства. Калмар также утверждал, что является основателем благотворительного фонда для ветеранов, но мы не смогли найти никаких записей и следов существования того фонда. Калмар утверждал, что он отслужил два срока в Ираке, о чем он с гордостью заявил во время последующих судебных слушаний. Проблема только в том, что, согласно записям, Калмар служил в ВВС США с 1983 по 1995 год. В этот период в Ираке не было американских войск, и поэтому в Ираке в то время он мог оказаться только как турист.

Скорее всего Калмар воспользовался плохим знанием истории у многих в зале заседания суда и воспоминаниями о первой войне в Персидском заливе, операции “Буря в пустыне”, но я на это не купился. Я люблю историю, и эти события произошли, когда я был на первом курсе юридического факультета Молдавского государственного университета, тогда я мечтал стать дипломатом. Я помню то время в мельчайших подробностях, включая то, сколько людей потеряли союзные войска и каков был мандат Совета Безопасности ООН на освобождение Кувейта. СССР тогда еще был жив, и мандат Совета Безопасности был весьма де- факто: освободить Кувейт, и не продвигаться на территорию Ирака. Именно это и было достигнуто, и ложь на столь деликатную тему, особенно в свете последующей войны в Ираке и тысяч жертв со стороны США, выглядела особенно кощунственной со стороны Калмара.

Дело еще усугублялось тем, что Калмар и еще один

бывший член Advanced Health были назначены в совет директоров Nutriband Inc. после нашего приобретения. Я знал, что нам нужно быстро исправить ситуацию. Сначала нам пришлось созвать собрание акционеров в июле 2018 года, и как только собрание закончилось и был избран новый совет директоров, в тот же день была принята резолюция об аннулировании сделки с Advanced Health и привлечении юридической фирмы для подачи иска о возврате акций Nutriband, выпущенных Калмару и компании.

Мы отреагировали как можно быстрее, направив 8-K в Комиссию по ценным бумагам и биржам США, отменив сделку и подав иск, чтобы вернуть 25% акций Nutriband, которые они получили в обмен на приобретение.

Мы с Гаретом довольно часто общались с Мишель Полли-Мерфи, когда изначально заключали сделку с Advanced Health, и она вела дела с пониманием того, что "все было хорошо". Когда мы узнали, что на самом деле все было не так, мы подали на нее жалобу в адвокатскую ассоциацию штата Огайо. Впоследствии ее уволили из юридической фирмы, а затем Ассоциация адвокатов штата Огайо объявила о приостановке адвокатской лицензии Мишель Полли-Мерфи.

В течение последних четырех лет эта команда из Advanced Health заложила акции Nutriband, которые по праву им не принадлежали - на сумму около 300 000 долларов - с целью противостоять нашему иску.

На самом первом слушании по судебному запрету под последним председательством судьи Родригеса, уходящего на пенсию, все, что могло пойти не так, пошло не так. Я сразу увидел, что судья Родригес не особенно интересовался деталями дела; однако он был очень впечатлен двумя "турами" Калмара в Ирак. Для Родригеса, похоже, не имело значения, что Калмар и компания не перевели акции в целевой депозит «Escrow», как он того требовал, хотя мы внесли свои 50 000 долларов. В какой-то момент во время слушания наши адвокаты указали на это Родригесу, на что он ответил: "Меня устраивает, где сейчас находятся акции", только я не понял, что это бы означало с юридической точки зрения.

Это было странное слушание, особенно когда было видно, что судья говорит больше, чем противоборствующие стороны, постоянно вмешиваясь в процесс. В то же время у Родригеса текли слюни над своей молодой и красивой помощницей, делал ей комплименты и говорил присутствующим на заседании, как он завидует следующему судье, у которого будет возможность работать с ней, поскольку он уходит на пенсию и это его последнее дело. На это было мучительно смотреть.

Я чувствовал, что выступление наших адвокатов в тот момент было беззубым, поскольку адвокат противника постоянно их прерывал, прямо оскорбляя меня и Гарета несколько раз без каких-либо ответов со стороны наших адвокатов или судьи. Когда наши адвокаты предоставили запись бесчестных преступлений Калмара, я случайно посмотрел в глаза судье Родригесу, и ему это очень не понравилось!

Он выгнал меня из зала суда за то, что я смотрел ему в глаза... Забавно, но психологически все это имело четкий смысл. Я вспомнил цитату из Карла Сагана: "Один из самых печальных уроков истории заключается в том, что, если мы были одурачены достаточно долго, мы склонны отвергать какие- либо доказательства обмана. Мы больше не хотим искать истину. Обман захватил нас: слишком больно признаться — даже самим себе — что мы были так доверчивы".

Этот судья поверил в ложь и не смог распознать ее. Мои предчувствия оказались верными, и вердикт судьи не имел никакого логического смысла: он отменил судебный запрет на продажу акций, выданных Калмару и компании, отдал им наши 50 000 долларов (Escrow), при этом обязав их переписать IP временные патенты (которые мы не хотели) на имя Nutriband Inc.

Короче говоря, наши адвокаты, которыми я был так недоволен после первого слушания, подали апелляцию, и решение судьи Родригеса отменили примерно через год. 27 июня 2022 года, почти ровно через четыре года после того, как мы обнаружили мошенничество, совершенное в отношении нашей компании и ее акционеров, мы получили возможность предстать перед судом, и на этот раз новый судья был почти незаметен в зале, позволяя сторонам изложить все факты и внимательно относился к каждой детали, представленной в деле.

В этом зале суда я наконец-то увидел, как наш главный судебный адвокат Джей Бреннан показал свое лучшее выступление; жаль, что процесс не был записан, чтобы мы могли отмотать назад и увидеть его потрясающее мастерство ведения судебного процесса. Он никогда не повышал голос, но каждый его аргумент или возражение просто разрывали риторику адвоката противника. Я пригласил на слушание своего племянника Сержиу. Он только окончил университет штата Флориды со степенью магистра в области предпринимательства и был принят на юридический факультет университета Уэйк-Форест в качестве первокурсника той осенью. Мастер-класс Джея Бреннана, который занимается юридической практикой уже 42 года, возможно убедил Сержиу заняться судебными тяжбами вместо изначально планировавшегося им корпоративного контрактного права. Я знал, что он многое получит от этого опыта, хотя я бы предпочел, чтобы данной заминки вообще не произошло. Nutriband вышел из сложнейшей ситуации, и я безмерно горжусь тем, как далеко мы с Гаретом продвинулись.

На протяжении всего этого судебного процесса я продолжал видеть в Гарете свое молодое "я", когда плохие актеры, ярые мошенники пытались воспользоваться им при любой возможности. У него чистое сердце, и он очень трудолюбив. Работать рядом с ним все эти годы - одно удовольствие".

Я рад, что у меня был такой большой опыт общения с другими нечистоплотными бизнесменами, как Рэй Калмар, и что я смог стать частью Nutriband, чтобы помочь Гарету пережить это невероятно сложное время. Мы знали, что не можем просто сдаться и оставить часть акций Nutriband в руках этих морально обанкротившихся людей, мы не могли позволить им держать в руках даже одну акцию Nutriband.

По состоянию на июль 2022 года, наша выдержка в этом деле окупилась; это была победа абсолютная по всем статьям. Мне жаль только, что я не видел выражения лица главного адвоката противника, когда он прочитал решение суда в пользу Nutriband.

Рэй Калмар ничего не выиграл, и теперь они возвращают 1,2 миллиона акций, стоимостью около 15% компании, всем акционерам Nutriband. Мы благодарим за это Джея Бреннана и наших юристов из Gray Robinson, и нам было приятно осознавать, что наша настойчивость и терпение доказали гнусное поведение Калмара. После вынесения окончательного приговора адвокат противоположной стороны обратился к нам с предложением об урегулировании: они согласны принять окончательный вердикт и не подавать апелляцию; взамен Nutriband не будет требовать от них возмещения наших судебных и иных издержек, таких как 50 000 долларов, "подаренных" им судьей Родригесом. Мне хотелось испепелить Калмара и его команду, но в конце концов, если мы выигрываем, то с кого мы взыщем все убытки и судебные издержки?

Эта битва была закончена; мы победили честно и справедливо. Мы вознаградили каждого акционера именно тем процентом акций, который был возвращен в результате судебного процесса, и добились всего, чего хотели.

Перед IPO (первичное публичное предложение акций) Nutriband мне приснился сон, в котором я увидел красивый внедорожник, стоящий на парковке, и каким-то образом я сразу понял, что он мой. Я, естественно, открыл дверь и сел на водительское место, но, к моему удивлению, руль находился не передо мной. Он находился посередине, между водительским и пассажирским сиденьем. После этого я рассказал Гарету о своем сне, я знал, что это был знак того, что мы с ним должны были вместе вести Nutriband вперед. Вполне логично, что я сидел на водительском месте слева, а Гарет, который родом из Ирландии, сидел справа - именно с этой стороны у них расположен руль. Вместе мы смогли поддержать Nutriband в трудные времена, и наш успех обусловлен тем, что мы доверяем друг другу и себе, а не обещаниям других людей.

Сейчас будущее Nutriband выглядит радужным: мы открываем новый рынок в Коста-Рике, открываем компанию в Эквадоре, а завод в Северной Каролине способен производить один миллион пластырей в день.

Nutriband также работает с Kindeva Drug Delivery по разработке нашей технологии AVERSA, предотвращающей привыкание к их фентаниловым пластырям. Мы стремимся расширить масштабы и предоставить Nutriband возможность роста, который необходим ей для того, чтобы превратиться в компанию с акциями стоимостью 1000 долларов; это будет наша следующая вершина для завоевания. Это по-прежнему будет борьба, но я знаю, что нас никто не собьёт с пути. Путь к этой цели казался невозможным, но наши стойкость и решимость только укрепились благодаря этим большим успехам. Если вы уже мечтаете, то мечтайте по- крупному. Не ограничивайте свои ожидания.

Я часто задумываюсь о своем будущем. На протяжении всех этих событий, начиная с дней, проведенных в Молдове, и заканчивая Nutriband, я так упорно боролся за то, что считал правильным, и даже несмотря на все эти тяжелые испытания, я по-прежнему считаю, что мое самое большое достижение – это мои дети.

У меня есть истинное чувство собственного достоинства от выстраивания отношений с ними, в частности таких, каких мой отец никогда не имел со мной. Я вижу это, постоянно расспрашивая своих детей, когда отвожу их в школу. Я питаю глубокую любовь к классической музыке, и когда по радио звучат произведения, я прошу детей говорить мне названия и композитора каждого из них. Недавно прозвучал “Полет шмеля” Римского-Корсакова, и я сразу же спросил сына. “Это “Шмель”, папа”, - проворчал сын, как будто это было слишком просто.

В другой день моя дочь играла в игру, когда зазвучало “Утреннее настроение” Грига, на что она воскликнула: “Утреннее настроение!”, узнав произведение. Со временем мои дети устанут от моих постоянных расспросов, но я надеюсь, что в будущем они оценят эти знания, потому что классическая музыка – это часть моего жизненного баланса, и я хочу передать им это. Интересно, что классическая музыка мне поначалу не нравилась. Если честно, то я прямо ее ненавидел. Я из тех, чьё детство пришлось на период пышных похорон правительственных и партийных деятелей СССР, и в те дни траура вся телевизионная программа на двух каналах была насыщена классическими концертами и балетом. Летом 1986 года мои родители, чтобы оградить меня и сестру от проблем, с которыми боролись мои родители, отправили нас в пионерский лагерь в Сергеевку, на Украину, на побережье Чёрного Моря. Там нас разделили по отрядам и у меня в отряде был парень, которого я отчетливо помню, странную фамилию которого я ни до, ни после Сергеевки никогда не слышал: Мусульбас. Этот парень постоянно ввязывался в разные передряги, проблемы, его постоянно наказывали вожатые, но в один добрый день он пробрался в кабинет Главного Вожатого отряда, где нашёл аккордеон. Что произошло потом, навсегда изменило мое отношение к классической музыке. Мусульбас сел на стул, взял аккордеон и исполнил полностью Турецкий Марш Моцарта..., мы все были приятно удивлены, а Главный Вожатый, который подошёл на звук музыки, был просто в шоке... Я отчетливо помню его последующие слова: «Мусульбас проявляет таланты»... Турецкий Марш стал нашей отрядной песней, мы все выучили ноты и напевали их маршируя, мы даже выиграли приз при показательном марше с песней. Благодаря озорнику Мусульбасу у меня появилось любовь к классической музыке.

Я очень хорошо понимаю, что есть важный урок в том, чтобы хранить мечты с детства. Около трех лет назад, когда моему сыну Дмитрию было девять лет, он вернулся из школы и начал сомневаться в существовании Санта-Клауса. Неуверенный в том, что он услышал от своих друзей в школе, он робко спросил меня, существует ли Санта-Клаус. Я сказал ему: “Как насчет того, чтобы в этот праздник Рождества мы отправились на Северный полюс в гости к Санте?”.

Я сразу же сделал все надлежащие приготовления и брони, и в день Рождества 25-го декабря 2019 года мы отправились в Рованиеми, в Лапландию, чтобы навестить Санта-Клауса. Дети получили огромное удовольствие, и мы остались в Финляндии до 3 января, катались на лыжах, ездили на оленях и устроили волшебное празднование Нового года на старом золотодобывающем руднике. Я сделал всё возможное, чтобы обеспечить своим детям самые запоминающиеся волшебные рождественские каникулы. После того как мы увидели Санта-Клауса, я спросил Дмитрия: “Ну, а если кто-нибудь когда-нибудь усомнится в его существовании, что ты им скажешь?”

“Я скажу им, чтобы они просто пошли и посмотрели сами”, - сказал Дмитрий.

Такие поступки мои родители никогда бы не совершили в отношении моей сестры или меня, у них никогда не было таких возможностей, да и отношения родителей с детьми в то время было другим. Если сравнивать с тем, насколько занят был мой отец, когда я был ребенком и сколько времени он провёл со мной, то мои дети являются для меня приоритетом при распределении моего времени.

Встреча с Санта Клаусом!

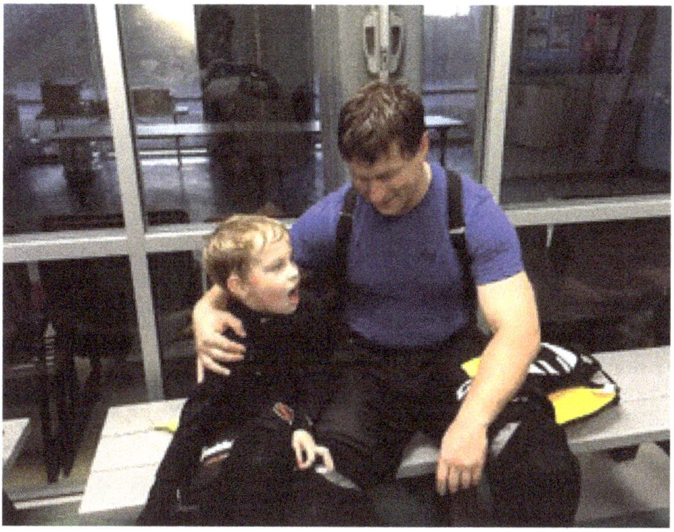

Когда я еще мог не отставать от своего сына на льду.

День, который я просто не мог пропустить. Мне посчастливилось вывести мою принцессу на лед в первый раз.

В конце августа 2018-го у меня была очень важная встреча в Молдове, я организовывал приобретение крупнейшей авиакомпании в стране, Air Moldova. Благодаря известности, которую я получил, подав заявку на пост главы Центрального банка Молдовы, я смог договориться о приобретении 25,5% акций компании, основываясь на том, что я выведу их на американские финансовые рынки. В то время я уже определил для них SPAC (компания по приобретению специального назначения) на NASDAQ со 100 000 000 долларов и еще 200 000 000 долларов в облигациях, которые должны были быть выпущены.

SPAC была в восторге от предварительных цифр, которые я им прислал, и оставалось только получить реальные цифры от аудиторской компании. К сожалению, финансовый баланс после приватизации показал полный бухгалтерский бардак: отсутствовало значительное количество записей вплоть до 2014 года. Становилось все более очевидным, что аудит Air Moldova займет не несколько месяцев, а скорее пару лет. Кроме того, через год после приватизации изменилась политическая атмосфера, что поставило всю сделку под сомнение.

Во время встречи с юристами компании Air Moldova в августе 2018-го года мне пришлось задержаться, чтобы сделка состоялась, но в конце той недели я знал, что просто обязан быть в Орландо, поскольку моя дочь собиралась впервые выйти на лед.

Это был четверг, и я сказал юридическому

представителю моего клиента, что пропустить такой момент я просто не могу, поэтому они отправили меня из Молдовы в пятницу утром, а в субботу утром я уже был со своей дочерью на катке. В воскресенье я вылетел в Молдову, а в понедельник днем я уже был в Кишиневе. Это был настоящий круговорот, но радость от того первого момента катания на коньках с моей дочерью стоила всех усилий и смены часовых поясов. Я до сих пор вспоминаю ее улыбку и восторг от того дня.

Я также редко пропускаю хоккейные матчи моего сына, ведь играть в хоккей — это была моя мечта, смотреть, как мой сын катается на коньках и играет в хоккей, доставляет мне особую радость. Когда я рос, во всей Молдове не было ни одного катка. В детстве мы катались на коньках на замерзших озерах и лужах зимой, когда была возможность, но играть в хоккей более серьезно, было бы воплощением мечты. Теперь мой сын может кататься на коньках от души, и я знаю, что дал ему возможности, о которых в детстве я даже не смел мечтать.

Несмотря на то, что Nutriband остается одним из моих главных приоритетов, Гарет видит, как важны для меня мои дети, я объяснил ему, что они - мое будущее. Гарет моложе меня, у него пока нет детей, но я дал ему совет, в который действительно верю: “Ты привыкнешь к успеху в бизнесе и к значительному увеличению своего счета, но эта всепоглощающая радость от успеха в конце концов иссякнет. Ты просто привыкнешь быть богатым, но каждый день и ночь со своими детьми ты будешь просыпаться от этой непроходящей радости". Мои дети. Только с ними я могу чувствовать себя полноценным".

Я смотрю на свою карьеру, на то, как я строю компании, веду их к NASDAQ, и я доволен своей работой, но, когда я смотрю на своих детей, я чувствую легкость - я чувствую, что жизнь удалась.

ЭПИЛОГ

Есть русская поговорка о том, как мужчина оценивает свою жизнь: “Мужчину характеризуют четыре ситуации: как он дерется, как он считает деньги, как он смотрит на своих детей и как уходит от женщины”.

Я всегда был борцом. Я начал принимать этот принцип совершенно буквально, став чемпионом по дзюдо и борьбе в подростковом возрасте, обладателем черного пояса второй степени в тридцать лет и борцом джиу- джитсу в сорок. Физические поединки и драки определяли мою судьбу, но есть аспект духа борьбы, который проходит через всю жизнь. Будь то борьба за место для моего сына в выездной хоккейной команде, которая страдает от кумовства тренеров и даже мелких чиновников местного правительства (которые в основном не имеют никакого влияния на государственной службе, но являются “влиятельными” в хоккейной команде) или в судебной борьбе с Advanced Health за возврат 15% нашей компании – посмотреть на себя в зеркало и увидеть, что ты был верен своим принципам - это и есть настоящая победа. Каждый бой оставляет шрам, который вы будете носить до конца жизни, но он является показателем опыта и напоминанием о том, что вы живете, чтобы побороться еще один день.

Каждый человек стремится к достатку по разным причинам, и многие стремятся накопить как можно больше денег. Я встречал много людей, которыми движет убеждение, что у них недостаточно денег и их никогда не будет хватать. Я доверял этим людям, а со мной неоднократно обращались так, словно я был всего лишь препятствием на пути к их следующей крупной сделке в то время, как я мог бы быть их союзником. Подружившись с честными бизнесменами, такими как Гарет, я смог отточить свою способность распознавать людей, которые собираются использовать вас лишь только для своих интересов. Если бы я мог дать своим детям какой-либо совет, он заключался бы в том, чтобы никогда не дружить с жадными людьми; те, у кого на уме только деньги, предадут вас или продадут за бесценок часто в самый неподходящий момент. Я научился относиться к деньгам очень серьезно, но даже несмотря на это, сами деньги никогда не могут быть целью; это всего лишь средство, инструмент, энергия. Тот, кто верит, что деньги могут каким-то образом принести счастье, никогда по-настоящему не имел денег. Я никогда не пожелаю своим детям испытать тот дефицит, который был в моей жизни. Моя жена беспокоится, что наши дети не понимают ценности денег, но тот факт, что они могут расти отдельно от подобных мыслей и забот, заставляет меня чувствовать себя чрезвычайно состоявшимся.

Мы отправились в Эквадор в сопровождении семьи и друзей, чтобы отпраздновать нашу 25-ю годовщину свадьбы точно в том же месте, где мы поженились 21-го декабря 1996-го года.

Серебряная Свадьба
17 Декабря 2021

Центр моей Вселенной

Мои дети – это абсолютный центр моей вселенной, они непрерывно влекут меня к большему счастью своей любовью и собственной страстью к жизни. Весь мой рабочий график построен вокруг уроков фортепиано, катания на коньках, хоккея и любых других событий в жизни моих детей. Так было с самого их рождения, и я надеюсь, что так будет продолжаться до тех пор, пока я могу, ведь моя семья – это то, что делает меня полноценным. Если кто-то посмотрит на меня со стороны, то увидит, что я нахожусь именно там в жизни, где и хочу быть; мне повезло иметь все, о чем я только мог бы пожелать, чего и другим желаю. Мой сын и моя дочь - два самых ярких источника света в моей жизни, и они будут вести меня до самого конца.

Теперь, когда речь заходит о заключительном аспекте русской цитаты, о том, как мужчина “заканчивает отношения", мне повезло, что у меня нет особого опыта в этом отношении. В молодости у меня были девушки, но мои отношения с Жасмин – это обоюдно крепкий брак, построенный на доверии, понимании и общении. Лично я надеюсь никогда не узнать больше о том, как расстаться с женщиной в традиционном смысле этого слова; хотя скажу, что я испытал чувство потери, когда расстался с человеком, который был мне очень дорог - моей бабушкой.

Я часто думаю о деревне моих бабушки и дедушки и о том ключевом воспоминании, когда я просыпаюсь и вижу, как солнце светит в окно, а ветер дует в открытые окна дома. Слушая, как мои бабушка и дедушка накрывают завтрак из свежих фруктов и хлеба, я чувствовал такое спокойствие, которое не покидает меня и сейчас. Моя семья проводила каждое лето в этом доме в деревне, и благодаря этому у меня есть воспоминания о том, как мы собирались вместе, чего нет у многих семей.

Смерть моей бабушки была особенно болезненной для меня; она растила меня до трех лет и являлась настоящим матриархом, возглавлявшим семью. В мае 1995 года мы собрали всю семью, чтобы впервые познакомиться с Жасмин и увидеть меня после того, как я целый год провел за границей. Это был последний раз, когда семья собиралась вот так вся вместе... О, если бы мне кто-то тогда сказал что это был последний раз...; мамины два брата с со своими семьями, бабушка и дедушка... - ведь мы так встречались всегда на всех маленьких и больших праздниках, и никто никогда не знает именно, когда одна из таких встреч будет последней ..., и нам повезло, что у нас сохранились фотографии и видео с этой встречи. Все эти годы я помню, как мне позвонила сестра и сообщила, что моя бабушка умерла, и невероятная острая боль неотвратимости и печали пронзила мое сердце, когда я почувствовал неизмеримую утрату.

В июне 1995 года Жасмин смогла встретиться с моей семьей в Молдове, в том числе с бабушкой и дедушкой. Автомобиль на фото, ГАЗ 69, собирал мой дедушка лично. Машину унаследовал мой двоюродный брат Виорел, у которого я позже купил машину. Единственное, что я менял в машине, так это двигатель, а все остальное оригинальные детали, которые устанавливал мой дедушка. Каждый раз, когда я сажусь в эту машину, ее запах, прикосновение возвращают меня в счастливое детство в деревне.

Первое, что пришло мне на ум после этого звонка, было воспоминание о том, как моя бабушка одевала меня, когда мне было всего три года. Она сказала: "Сейчас ты

еще ребенок, но потом ты вырастешь".
"Да", - ответил я.
"А потом, как и все, ты состаришься", - сказала моя бабушка.
"Да", - сказал я, - "а затем я снова появлюсь на свет".
"Нет", - сказала она мне. "К сожалению, тогда ты умрешь".

Конечно, я не понимал, что такое смерть, но теперь, спустя годы, я лучше понимаю этот этап жизни. Это больно и печально, но это не конец. Жизнь не останавливается, она продолжается.

Все, что произошло после звонка моей сестры по поводу бабушки, было так просто: каким-то образом все смогли быстро и без проблем добраться до Молдовы. Так получилось, что мои родители летели с пересадкой в Венгрии до США, поэтому их пропустили в самолет, чтобы они могли добраться обратно до Молдовы. Я сразу же получил билет, мой рейс не задержали, и моя семья смогла собраться вместе в то время, когда мы больше всего в этом нуждались.

После смерти дедушки и бабушки мой дядя захотел продать тот самый дом, с которым у меня связаны эти замечательные воспоминания. Я договорился с дядей, что дом и хозяйство станут моими, хотя там никто не будет жить. Дом останется в семье и будет местом, где я смогу делиться воспоминаниями со своими детьми и последующими поколениями.

Конечно, я бы хотел, чтобы моя бабушка была жива, но жизнь устроена по-иному. Жизнь продолжается, и, несмотря на трудности, я должен был жить своей жизнью и делать свою работу.

Я не сожалею о прошлом; каждое утро я просыпаюсь с радостью о прошедшем дне и мечтаю о будущем. Отрицательный результат – это все равно результат; ошибки – это просто попытка научиться делать лучше в следующий раз.

Хорошие вещи не случаются с вами просто так; не это делает вас счастливым. Вы должны упорно трудиться ради всего, чего хотите достичь, и тогда в благодарность и в завершение своей работы вы действительно сможете обрести счастье. Все плохое, что случилось в прошлом, вы должны преодолеть, потому что, возможно, это случилось с вами не просто так; случайностей не бывает. Я не должен был бить того старшеклассника на дискотеке, но благодаря этому я сейчас там, где я есть.

Благодаря этому толчку я уехал из Молдовы в Соединенные Штаты, что в молодости было настоящей мечтой и, казалось, что это никогда не станет реальностью.

Мне предоставлялись возможности, и я пользовался ими, когда это было возможно: от собеседования по английскому языку в университете до встречи с Гаретом в Лас-Вегасе. Если бы я не пошел на то собеседование, я бы никогда не приехал в Соединенные Штаты. Если бы я решил заняться дайвингом на День благодарения вместо того, чтобы поехать в Лас-Вегас, я бы никогда не встретил Гарета и не стал частью Nutriband. Гарет продал бы свои акции компании, и у него не было бы контроля, необходимого для производства пластырей Nutriband и развития компании. В конце концов у я благодарен за всё, что было у меня в жизни и за то, где я сейчас нахожусь. Это не значит, что на этом пути не было сражений, сложностей. Как вы видели, я прошел через многие испытания и совершил много собственных ошибок, но я всегда придерживался своих моральных принципов в бизнесе и жизни.

Я знаю, что, если бы я пошел теми же путями, что и Вадим, Калмар или другие, я бы поступил неправильно. Эти короткие пути никогда не окупаются, потому что в конечном итоге они создадут много проблем для вас в будущем. В конце концов вам придется жить с самим собой. Если бы я выбрал те же самые короткие пути, я просто знаю, что это был бы не я; так как бы подвел не только себя, но и свою семью и людей, которые мне особенно дороги.

Если бы я снова столкнулся с теми же сделками, я бы подошел к ним по- другому; я мог бы решить каждую из моих прошлых сделок с помощью знаний, которыми я обладаю сейчас, и они были бы чрезвычайно успешными. В то время я просто не знал, как реагировать, потому что у меня не было ни опыта, ни, как я узнал позже, необходимых жизненных шрамов.

У меня было достаточно предательств в моих деловых сделках, да и вообще в жизни, чтобы понять, что это очень болезненный опыт, особенно если речь идет о человеке, которому ты полностью и безоговорочно доверяешь. Когда такое случается, первое, что вы хотите сделать, независимо от того, кто это, - дать ему еще один шанс, понять его, посмотреть на мир с его стороны. Мой совет - не делайте этого; это предательство может и будет происходить снова. В бизнесе и в жизни нужно быть осторожным все время, и убедиться в том, что вы знаете тех, с кем работаете и можете доверять им как себе, но всё же лучшим испытанием является время, и то это не факт...; иногда встречаешься с предательством тех людей, которых, как вы думаете, знаете всю свою жизнь, и именно этот жизненный опыт особенно болезненный. Вам также должно очень повезти, чтобы встретить нужных людей. Каждый, кто достигает хотя бы умеренного успеха и при этом отрицает, что удача не имеет к этому никакого отношения, просто обманывает сам себя.

Если бы я доверял интуиции, как это было с Гаретом, я бы выбрал совсем других деловых партнеров, но только с приобретением жизненного опыта я могу поделиться этой мудростью. Все эти события, хорошие или плохие, делают вас тем, кто вы есть, и они направляют вас по вашему личному пути. Если вы преодолеете достойно трудности и ошибки, будете ценить хорошее и полезное, вы сможете прожить жизнь по-настоящему счастливо и без сожалений. Благодаря тем годам, которые я провел на этой земле, я заработал свой первый миллион, который привел меня на гору Килиманджаро. В конце концов, вы можете смотреть с вершины горы, но вид можно по-настоящему оценить только в том случае, если именно вы поднялись на вершину.

ВОСХОЖДЕНИЕ НА ГОРУ: РЕФЛЕКСИЯ

Гора Килиманджаро - самая высокая гора в Африке, высотой 5 895 метров (19 340 футов). На этой высоте она покрыта льдиной, и это самая большая отдельно стоящая гора в мире.[2]

Когда мы впервые приехали в Танзанию, первые три дня мы отвели на сафари в Нгоронгоро и Маньяре. Мы знали, или лучше сказать, мы подозревали, что после этих трех дней в раю, наблюдая за львами, слонами, жирафами и другими животными, мы столкнемся с прямо противоположным. Возможно, это будет самое физически сложное приключение в нашей жизни. После сафари мы отправились в Арушу, где провели последнюю ночь перед тем, как на следующее утро нас доставили к воротам парка Килиманджаро.

По прибытии нас проинструктировала команда экспедиции; я и мои друзья почувствовали, что мы готовы к предстоящему путешествию. Я готовился к походу несколько месяцев, причем частью моей подготовки была борьба джиу-джитсу, которой я не занимался с тех пор, как ввели ограничения COVID. Мы хорошо понимали риски, но все же верили в свои силы и решимость. Команда объяснила нам всю серьезность нашего похода: будет холодно и трудно дышать, мы будем находиться в таком отдалении, что в экстренной ситуации нас не смогут доставить с горы на вертолете. Наш маршрут, маршрут Лемошо, был вторым по сложности среди всех маршрутов. Мы должны были достичь вершины на шестой день и вернуться к воротам парка на седьмой день; мы достигали бы точки невозврата на третий день. Тем не менее, я чувствовал в себе силы, зная, что означает это путешествие. Это было признание себя и того, чего я смог добиться своими интеллектом и собственными руками.

На самом деле поход и подъем оказались сложнее, чем мы предполагали; разреженный воздух почти лишал нас сил от высотной болезни. Если бы я не был в форме после занятий дзюдо и джиу-джитсу, я бы увидел, что добраться до вершины мне будет очень сложно. Я мечтал взять с собой в этот поход своего сына, но, будучи взрослым мужчиной в хорошей форме, я с трудом справлялся с этим, и я знал, что мой сын не был готов к нагрузкам в горах. Мы преодолевали участки, которые были сложны даже с помощью команды экспедиции, держась за скалы, когда мы карабкались вверх по стене Барранко. После всех моих исследований Килиманджаро все это казалось знакомым: видеть цель, которую я очень хотел достичь, и преодолевать все препятствия на пути шаг за шагом.

Мы поднимались на гору поэтапно: начали путь в пятницу утром, а к полудню вторника достигли последнего лагеря, лагеря Барафу на высоте 4 673 метра. Мы отдыхали до 11 вечера, пили кофе и перекусывали, а в полночь начали последний подъем на вершину. Нам нужно было добраться на вершину до восхода солнца. До пика Ухуру оставалось всего пять километров, но это были самые трудные пять километров, которые мы когда-либо преодолевали. Следующие шесть часов мы шли в кромешной тьме, осторожно ступая, пока поднимались на последний участок горы, чтобы достичь пика Ухуру.

Первые пару часов я действительно наслаждался прогулкой, временами смотрел на великолепное небо, усеянное звёздами, и загадывал желания на падающие звезды, но через два часа, когда мы преодолели отметку в 5 000 метров над уровнем моря, стало очень тяжело. Было трудно просто дышать, особенно под тяжестью моей одежды. Временами это напоминало мне подготовку на занятиях джиу-джитсу, когда я делал два или три пятиминутных поединка подряд, а потом меня начинало тошнить и появлялась одышка, поэтому я пропускал следующий поединок и отдыхал... Только на горе я ничего не пропускал, отдыха не было, а было еще пять часов непрерывной борьбы.

Временами грань между реальностью и сном стиралась, когда мы старались ставить одну ногу впереди другой. Около трех часов ночи вода полностью замерзла, так как температура воздуха была около -15 градусов, и дул сильный ветер. Последние два часа перед тем, как мы достигли Стелла Пойнт, прошли как в бреду. Я просто постоянно молился в тишине, мысленно повторяя

“Отче наш” снова и снова. Я вспоминал ужин с Игорем, когда мы впервые услышали рассказы о восхождении на Килиманджаро. Я ясно помню, как были сказаны слова “легкий поход на вершину” - но в этом не было ничего легкого.

Когда я сделал последний шаг и достиг Стелла Пойнт, только-только забрезжил первый свет. Нас встретил штормовой ветер и громкий, постоянный грохот, который заставлял нас кричать, чтобы только услышать друг друга. Мы преодолели хребет, и от этой точки до пика Ухуру, вершины, было еще около часа ходьбы.

Примерно через 20 минут после начала прогулки к пику Ухуру я остановился и закрепил свою GoPro, чтобы запечатлеть восход солнца. И тут это случилось. Это чувство трудно описать: Меня словно внезапно зарядили током в 1 000 000 вольт, и слезы хлынули из моих глаз. Меня охватил такой прилив энергии, что мне показалось, что я могу пробежать трусцой от этой точки до самой вершины.

Стоя на вершине Килиманджаро, можно было наблюдать удивительно чарующее зрелище: небольшой участок горы под нами выглядел как инопланетный пейзаж, полный кратеров и скал, а облака закрывали весь остальной мир, создавая этот остров в небе. Когда оранжевое солнце окрасило последние границы горизонта, уступая место голубому небу, я задумался, как я оказался на самой окраине Танзании, мысленно представляя свой путь от маленького городка в Молдове до самой высокой точки Африки. Я вспоминал, как далеко я продвинулся, несмотря на все трудности, выпавшие на мою долю; я никогда не забуду этот момент триумфа. Это было смирение - видеть всё, чего я добился, и озирать мир, раскинувшийся под моими ногами.

Мы остановились на вершине горы, чтобы каждый из нас мог проанализировать свое путешествие, оценить вид и, конечно же, сделать фотографии. Мы взяли с собой молдавский флаг и флаг с логотипом Nutriband; нам показалось важным взять эти символы с собой на весь путь к вершине. Они не добавляли много веса нашим рюкзакам, но они так много значили. Для меня было особенно важно поднять флаг Nutriband, так как он является для меня настоящим напоминанием о том, чего можно достичь несмотря ни на что, если рядом с тобой будут правильные люди. Я вспомнил своих родителей, которые всегда поддерживали мое образование; мою прекрасную жену Жасмин, которая поощряла все мои деловые начинания; и моих двоих детей, которые являются светом моей жизни и моими самыми выдающимися достижениями. Мне не терпелось увидеть свою семью и поделиться всем тем, что я чувствовал и видел на вершине горы. Пока я снимал вид с вершины на камеру GoPro, я вслух услышал свои мысли “Так вот каково это - быть на вершине мира...”.

Наш спуск не был быстрым. Через четыре часа мы

достигли лагеря, из которого вышли в полночь. После быстрого обеда нам предстояло спуститься на высоту 3 200 метров до последнего лагеря. К концу этого семичасового этапа спуска мы чувствовали боль при каждом шаге. Это только усугубило нашу высотную болезнь, дошло до того, что один из моих друзей начал вырывать каждые 15-20 минут. Частые остановки означали, что мы не доберемся до лагеря до захода солнца. Мы были там, чтобы помочь друг другу, подбадривая друг друга, чтобы продолжать двигаться вперед по тропе.

Мы прибыли в наш последний кемпинг уже после наступления темноты. Мы были совершенно измотаны. Один из моих друзей сразу же завалился в свою палатку. Мы с другим другом попытались съесть немного супа, который был приготовлен для нас, но после пары глотков согревающего супа и слабой попытки завести разговор, мы поняли, что даже на это сил больше нет, и мы просто разошлись по своим палаткам. Матрас и спальный мешок были мягче и удобнее, чем когда-либо во время всего этого путешествия. Мы проснулись от звуков птиц - еще одна вещь, которую мы не слышали последние четыре дня; мы были в облачных лесах Килиманджаро. Проснувшись, мы почувствовали себя отдохнувшими, и следующие 10 километров до ворот Национального парка Килиманджаро, даже под проливным дождем, казались нам просто очередной “прогулкой по парку”. Мы прибыли в отель в Аруше в четверг днем, и в тот же вечер отправились в Стамбул.

В Стамбуле, Турции, я выполнил еще один пункт из своего списка желаний: я посетил Святую Софию, построенную римским императором Юстинианом I. Я восстановился после поездки и узнал обо всех последних новостях, прежде чем через три дня сесть на самолет обратно в США.

Я отправился на Килиманджаро, расстроенный тем, что не могу взять с собой в это путешествие своих детей. Видеть, как мой сын идет рядом со мной, было бы величайшей радостью, но вскоре я понял, что этот поход пока не для него. Я считаю, что этот поход на вершину Килиманджаро был предназначен для моего личного осознания; определенная сила и опыт были необходимы мне, чтобы понять, что я достиг того момента в своей жизни, когда я могу стоять во весь рост и гордиться всем, чего я достиг.

Теперь, после возвращения из Танзании, возникает вопрос: “Что дальше?” На этот вопрос нелегко ответить, потому что будущее по своей сути неизвестно; кроме того, я не поставил перед собой следующую цель, к которой нужно стремиться. Я не стремлюсь записать еще одну цифру, на которую я смогу указать, и обозначить еще одну гору, на которую нужно подняться.

Вместо этого у меня сейчас есть то, о чем мечтал более молодой вариант меня самого: семья с прекрасной женой и двумя детьми. Если я буду искать следующую гору, то это должна быть та, на которую мы сможем подняться все вместе, иначе она не будет иметь для меня никакого значения.

То, что я смог подняться на Килиманджаро спустя долгое время после того, как заработал свой первый миллион долларов, и до того, как мне исполнилось 50 лет, означает неизменный жизненный урок для всех нас: вы можете достичь, казалось бы, невозможного шаг за шагом. Время, проведенное со своей семьей, будет становиться все более ценным, так же как бесценны мои воспоминания о семье в Молдове. Теперь я знаю, что не стоит воспринимать жизнь как должное, ведь я уже видел восход солнца над Килиманджаро.

Вот каково это - быть на вершине мира.

Путь длиною в 27 лет. С этого места оставалось еще пять дней.

MOUNT KILIMANJARO
CONGRATULATIONS
YOU ARE NOW AT
URU PEAK, TANZANIA, 5895M/19341Ft
•AFRICA'S HIGHEST POINT

В бизнесе также как в горах, настоящий характер твоего партнера обязательно проявится в сложной ситуации… дальше остается следовать словам Владимира Высоцкого:

Если ж он не скулил, не ныл
Пусть он хмур был и зол, но шёл
А когда ты упал со скал
Он стонал, но держал
Если шёл он с тобой, как в бой
На вершине стоял хмельной
Значит, как на себя самого
Положись на него!

MOUNT KILIMANJARO
CONGRATULATIONS
YOU ARE NOW AT
UHURU PEAK, TANZANIA, 5895M/19341Ft AMSL
•AFRICA'S HIGHEST POINT
•WORLD'S HIGHEST FREE-STANDING
•ONE OF WORLD'S LARGEST
•WORLD HERITAGE AND

ПРИМЕЧАНИЯ

БОЙЛЕРНАЯ

1. *Термин “ бойлерная” относится к ранней практике проведениятаких операций в подвале или котельной здания и называется так из-за продажи под высоким давлением. Брокер, использующий тактику “ бойлерной”, предоставляет клиентам только положительную информацию об акциях и не рекомендует им проводить какие-либо внешние исследования.*

Восхождение на гору: Рефлексия

2. *«Килиманджаро». Национальная география. Последнее обновление: 20 мая 2022 г. https://education.nationalgeographic.org/resource/kilimanjaro.*

ОБ АВТОРЕ

Сергей Мельник - опытный предприниматель, лингвист и путешественник. Выходец из маленького городка Молдовы, Сергей использовал свою профессиональную этику и страсть к бизнесу, чтобы осуществить свою мечту в США. Препятствия и бюрократические преграды только подстегнули смелость и решимость Сергея довести свое дело до успеха. Он строит компании и реструктурирует их для процветания и устойчивого роста.

Начиная с его раннего успеха в получении кредита (в привлечении финансирования) за вывод первой молдавской компании на Американскую фондовую биржу и звонком в колокол на открытии торгов в 2003 году и заканчивая последним успешным выводом Nutriband Inc. на NASDAQ, Сергей управлял запуском торговых операций множества компаний на внебиржевых рынках в США, а также предоставлял общие консультации в отношении американских финансовых рынков для компаний, расположенных в США и за рубежом.

В настоящее время Сергей является президентом и председателем совета директоров Nutriband Inc., компании, занимающейся разработкой портфолио трансдермальных фармацевтических продуктов для облегчения и лечения пациентов с хронической болью. Он стал соучредителем компании вместе с Гаретом Шериданом в 2016 году и успешно провел IPO с одновременным выходом на биржу.

Помимо карьерных успехов Сергей совершал восхождения на горы по всему миру, включая гору Килиманджаро летом 2022 года. Однако его самым выдающимся достижением является семья, которую он создал вместе с женой Жасмин и двумя детьми.

www.ingramcontent.com/pod-product-compliance
Ingram Content Group UK Ltd.
Pitfield, Milton Keynes, MK11 3LW, UK
UKHW060116010826
14089UKWH00003B/10

9 798218 195885